한 눈 에 보 고 이 해 하 는

비주얼 씽킹

김지원 지음

초등 영문법 ②

DARAKWON

비주얼 씽킹 초등 영문법 ❷

지은이 김지원
펴낸이 정규도
펴낸곳 (주)다락원

초판 1쇄 발행 2023년 3월 6일
초판 2쇄 발행 2024년 1월 24일

총괄책임 허윤영
기획·책임편집 김민주
영문 감수 Michael A. Putlack
표지·본문 디자인 박나래
전산편집 이현해
일러스트 양혜민
이미지 shutterstock.com

다락원 경기도 파주시 문발로 211
내용문의 (02)736-2031 (내선 524)
구입문의 (02)736-2031 (내선 250~252)
Fax (02)732-2037
출판등록 1977년 9월 16일 제406-2008-000007호

http://www.darakwon.co.kr

ISBN 978-89-277-0168-2 63740

한 눈 에 보 고 이 해 하 는

비주얼
씽킹
초등 영문법②

안녕하세요. 여러분의 영어를 구해 드리겠습니다. 유튜브에서 '영어응급실 지원쌤' 채널을 운영하며 많은 분들을 영어 위기에서 구해 드리고 있는 김지원입니다. 저는 올해로 벌써 11년 차 강사인데요, 그동안 EBS 〈지원쌤의 영단어 믹스&매치〉, 〈더뉴 중학영어〉, 〈중학영어 클리어〉, 〈잉글리시 서바이벌〉을 포함해서 SBS와 MBC 방송, 그리고 웅진, 안녕 자두야, 스몰빅 클래스 등에서 많은 영어 학습자 분들과 소통해 왔습니다.

토종 국내파가 EBS의 최연소 영어 강사로 데뷔해 열심히 영어를 공부하고 가르치는 동안, 한국의 초등 영어 교육에 대해 아쉬운 점들이 생겼어요. 사실 우리나라 초등 교과서에는 문법 영역이 따로 없습니다. 그러나 패턴 학습은 존재하죠. 패턴은 사실 문법의 또 다른 표현입니다. 결국은 초등학교 때부터 문법 학습이 시작되는 것이죠. 많은 학생이 문법에 부담을 느끼는 이유가 'be동사', '조동사', 'to부정사' 같은 어려운 한자어 때문일 거예요. 초등학생들이 "Hi, I'm Jiweon."이라는 말의 뜻은 쉽게 이해하지만, "I가 주어이자 인칭 대명사고, am은 be동사야" 이런 식으로 설명하면 어려워하잖아요.

저는 기존 초등 영문법 교재에서 이런 부분이 아쉬웠습니다. 제가 이 책을 쓰기 전에 시중에 있는 교재를 20권 이상 열심히 탐독하고선 초등에서 중등으로 넘어가는 브리지 즉 가교 역할을 하는 책이 없다는 생각을 했습니다. 사실 초등 영어와 중등 영어가 아예 다르지는 않아요. 문장이나 단어 자체의 난이도는 큰 차이가 없습니다. 그러나 많은 친구가 중학교 때 갑자기 당황스러움을 느끼는 이유는, 한자어로 이루어진 문법 용어 때문입니다. 시중에 나와 있는 초등 영문법 교재 중에서 한자어로 된 문법 용어를 정말 쉽고 말랑말랑하게, 초등학생 친구들이 거부감 없이 학습할 수 있도록 만든 책이 없는 것 같았습니다. 그래서 이 책은, 그런 어려운 한자 용어를 최대한 쉽게 풀어서 설명했습니다.

무엇보다 문법의 큰 틀을 이해하고 기억하기 쉽게 비주얼 씽킹 요소를 넣어 효율적으로 정리했습니다. 아이들 입장에서는 그림이나 표로 정리되어 있는 자료가 훨씬 친숙하고 이해도 빠르죠. 이 책을 통해 문법 개념을 비주얼 씽킹으로 공부한 아이들은 튼튼한 문법 토대를 쌓게 될 것입니다. 또한 한 챕터가 끝날 때마다 비주얼 씽킹 방식을 사용해 나만의 문법 정리 노트를 만들어 본다면, 지금 자리잡은 문법 지식이 중학교, 고등학교 영어도 두렵지 않게 하는 자산이 될 거예요.

자, 이제 영어 문장의 틀을 순서대로 학습할 수 있게 구성한 목차에 따라 공부할 준비가 되었나요? 챕터별 핵심 내용을 요약 정리한 저의 무료 강의 영상부터 보면 전체적인 틀을 이해하는 것이 훨씬 더 쉬울 거예요.

이 책은 초등 영문법 기초를 튼튼히 다지고 싶은 초등학생, 특히 초등 수준에서 중등 수준으로 넘어가는 학습자에게 최고의 가교 역할을 해 줄 것입니다. 또한 집에서 엄마표 아빠표로 영어 문법을 지도하고자 하는 가정에도 도움이 될 것으로 기대합니다. 이 책이 많은 초등학생 친구들의 영어를 구해 줄 수 있는 책이 되길 바라면서, 저는 여러분과 책으로 또 방송으로 계속 소통을 이어 가겠습니다.

김지원

이 책의 구성 및 특징

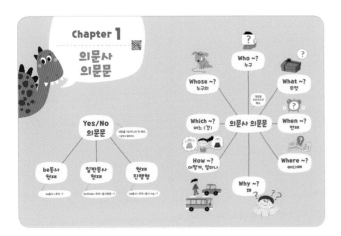

Chapter에서 배울 핵심 문법 개념을 비주얼 씽킹으로 정리해 놓아 한눈에 미리 살펴볼 수 있어요. 재미있는 그림이 개념 이해를 도와줘요.

UNIT은 2페이지로 구성되어 있어요.
양쪽 페이지에 연관된 두 개념이 이어져 있어서 한눈에 살펴볼 수 있어요.
개념 학습 후에는 쉬운 문제를 풀면서 개념을 확실히 익혀요. 주로 그림을 보며 바로바로 풀 수 있는 문제가 많아요.

MINI REVIEW가 나와서 개념을 잊기 전에 얼른 복습할 수 있어요. 다양한 유형의 문제를 풀면서 문법 개념을 제대로 이해했는지 확인해요.

챕터가 끝나기 전, 학교 시험에서 출제되는 문제 유형으로 구성된 **CHAPTER REVIEW**가 나와요. 지금까지 배운 내용을 실전에 적용하는 연습을 해 볼 수 있어요. **주관식 서술형** 문제에도 대비해요.

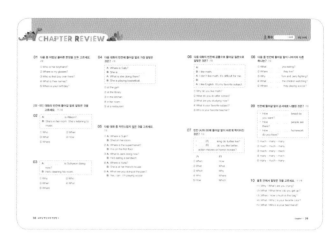

챕터의 마지막에는 핵심 개념을 모아 다시 정리하는 **개념 정리** 코너가 있어요. 낯선 문법 용어를 빈칸에 써 보면서 확실히 자기 것으로 만들어요. 헷갈리는 개념도 명쾌해져요.

  지원쌤의 **쏙쏙** 문법 강의!

챕터별 핵심 내용을 쏙쏙 골라 알기 쉽게 설명해 주는 지원쌤의 강의를 보며 공부하세요! 챕터 시작 부분에 있는 QR코드로 간편하게 강의를 시청할 수 있어요.

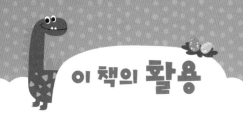

이 책의 활용

🌱 하루에 2페이지씩 가볍게, 꾸준히 공부하세요.

이 책은 한 단원이 2페이지로 구성되어 있어 책상에 오래 앉아 있는 것을 싫어하는 학생도 부담스럽지 않게 학습할 수 있습니다. 하루에 2페이지씩 꾸준히 학습하면 두 달 정도에 책을 끝낼 수 있어요. 페이지 우측 상단에 날짜를 기록해 가면서 매일 학습해 보세요.

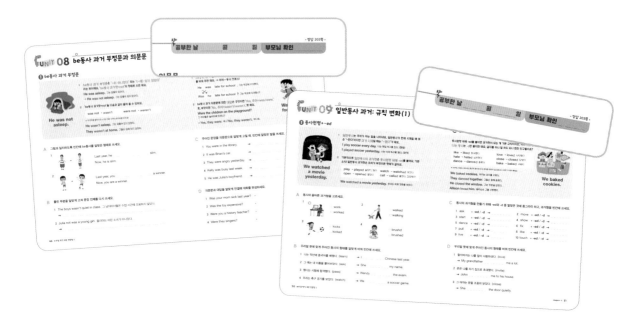

🌱 MINI REVIEW로 중간중간 실력을 점검하세요.

두세 단원마다 나오는 MINI REVIEW로 2~3일 동안 학습한 내용을 점검하고 넘어갈 수 있습니다. 정답을 맞히지 못한 문제가 있다면 해당 단원으로 돌아가 내용을 복습해 보세요. 이렇게 하면 자기가 약한 부분을 꼼꼼히 짚고 넘어갈 수 있습니다.

🌱 CHAPTER REVIEW에서 점수를 계산해 보세요.

챕터 마지막에 있는 CHAPTER REVIEW에서 문항별 점수를 합산해 40점(50점 만점)을 넘지 않으면 챕터의 내용을 충분히 이해하지 못한 것입니다. 앞으로 돌아가 챕터 내용을 전체적으로 다시 복습하세요.

🌱 저자 선생님의 동영상 강의를 보며 공부하세요.

저자 지원쌤의 강의를 챕터 시작 전에 한 번, 챕터 내용을 모두 학습한 후에 한 번, 이렇게 두 번 시청하세요. 알쏭달쏭한 문법 개념을 명쾌하게 설명해 주는 강의를 통해 훨씬 쉽고 정확히 내용을 이해할 수 있습니다.

이 책의 **차례**

① 영어 문장의 형식

문장의 형식? 그거 왜 배워?

"1형식, 2형식, 3형식… 아악, 몰라! 머리 아파! 이런 거 왜 배워?!" 하는 여러분을 위해 지원쌤이 찾아왔습니다. 문장의 형식을 왜 배우냐고요? 영어는 단어의 순서가 정말 중요해서 그래요.

☑ 한국어

나는 너를 좋아해.

= 나는 좋아해, 너를.

= 좋아해, 나는 너를.

= 좋아해, 너를 나는.

= 너를 나는 좋아해.

= 너를 좋아해, 나는.

순서를 막 바꿔도 말이 됨 + 같은 의미임

☑ 영어

I like you.

≠ Like I you. (???)

≠ You like I. (???)

≠ Like you I. (???)

≠ I you like. (???)

≠ You I like. (???)

전혀 말이 안 됨 + 같은 의미가 아님

한국어에는 '은/는/이/가/을/를' 같은 조사가 있죠. 그래서 순서를 막 바꿔도 말이 통해요. 그런데 영어에는 조사 개념이 없어요.

➡ **그래서! 영어는 순서(자리)마다 조사를 미리 붙여 놓은 거예요.**

예를 들어 3형식 문장은 앞에서부터 순서대로, '~은/는' '~한다' '~을/를' 이렇게 나온다고 정한 거죠.

| I | like | you |. 나는 / 좋아한다 / 너를

~은/는   ~한다   ~을/를

➡ **그래서! 영어에서는 이 순서를 어기면 말이 아예 안 되는 거예요.**

그 중요한 순서, 그게 바로 형식이에요. 형식이 없으면 의사소통이 아예 안 되겠죠? 형식은 영어의 가장 기본적인 약속이에요.

그럼 형식은 몇 개인데?

딱 5개예요! 5개 형식에서 벗어나는 경우는 절대 없어요.

- ☑ ❶ **1형식** 주어 + 동사
- ☑ ❷ **2형식** 주어 + 동사 + 보어(주격 보어)
- ☑ ❸ **3형식** 주어 + 동사 + 목적어
- ☑ ❹ **4형식** 주어 + 동사 + 간접 목적어(~에게) + 직접 목적어(~을/를)
- ☑ ❺ **5형식** 주어 + 동사 + 목적어 + 보어(목적격 보어)

5개 형식을 나누는 기준은 뭘까 궁금하죠? 그건 바로 **동사의 뜻**이에요. 동사의 뜻에 따라서 문장의 형식이 달라지는 거예요.

1형식

주어	+	동사

가장 기본이 되는 1형식 문장부터 살펴볼게요. 간단해요! 주어, 동사 쓰면 끝!

❶ **1형식이 뭔데?** 주어 + 자동사('~을/를' 필요 없음)

❷ **특징** 부사(구)가 딸려 나올 때가 많음.

❸ **동사 외우자!** go(가다), sleep(자다), sit(앉다), cry(울다), rise(일어나다), run(달리다)...

The baby cries. 그 아기가 운다.
　주어　　동사

Chris runs fast. 크리스는 빨리 달린다.
　주어　동사　부사

They go to school. 그들은 학교에 간다.
　주어　동사　부사구

2형식

주어	+	동사	+	보어

She is. 이렇게 문장이 끝나면 어떤가요? 뭔가 뒤에 덜 쓴 느낌이죠? She is pretty. 이러면 됐죠. 그렇지만 뒤에 붙인 pretty를 '~을/를'이라고 해석한다면? '그녀는 예쁘를이다.' 이상하죠? 그럼 저 pretty는 뭘까요? 맞아요. 1권에서 배운 '보어'입니다. 우리는 주어, 동사 뒤에 보어가 들어가는 문장 형식을 2형식으로 부르기로 했어요.

❶ **2형식이 뭔데?** 주어 + 자동사('~을/를' 필요 없음) + 보어(주격 보어)

❷ **보어란?** 보충하는 말. 명사나 형용사. 여기서는 주어를 보충하는 말이라서 '주격 보어'라고 부름. '주어 = 보어'라고 이해하면 쉬움.

❸ **동사 외우자!** ① '상태'를 나타내는 동사: be(~이다), stay(머무르다), remain(남아 있다), feel(느끼다)...
② '변화'를 나타내는 동사: become(되다), get(되다), turn(변하다)...
③ '감각'을 나타내는 동사: look(~하게 보이다), sound(~하게 들리다), taste(~한 맛이 나다), smell(~한 냄새가 나다)...

엇, 2형식 동사가 쓰였네?

그럼 동사 뒤에 보어가 오겠군.

보어 자리엔 명사, 형용사만 가능하지.

보어 자리에 부사는 절대 오면 안 되겠군!

My name is Allison. 내 이름은 앨리슨이다. (My name = Allison)
　　주어　　동사　　보여

You look great today. 너는 오늘 멋져 보인다. (You = great)
주어　　동사　　보어　　부사

3형식

$$주어 \ + \ 동사 \ + \ 목적어$$

3형식은 여러분이 가장 많이 봤고, 이미 익숙해져 있을 문장 형태예요. 주어, 동사 뒤에 목적어가 나오는 문장이죠. 동사 뒤에 나오는 말이 보어인지 목적어인지 어떻게 구별하냐고요? 2형식에서 배운 것처럼 주어와 같다(=)는 표시로 이해할 수 있으면 보어이고, 같지 않다(≠)면 목적어예요.

❶ 3형식이 뭔데?   주어 + 타동사('~을/를' 필요함) + 목적어('~을/를')
❷ 목적어란?   주인공이 하는 일을 당하는 애. '~을/를' 또는 '~에게'. 명사. '대상'.
❸ 동사 외우자!   '~을/를'이 필요한 동사 전부! 딱히 외울 필요가 없음.

Allison loves her students.   앨리슨은 학생들을 사랑한다. (Allison ≠ her students)
주어   동사   목적어

4형식

$$주어 \ + \ 동사 \ + \ 간접\ 목적어 \ + \ 직접\ 목적어$$

이제, 주어, 동사 뒤에 필수 성분이 2개씩 붙는 문장들을 살펴볼 거예요. 먼저, 목적어가 2개 붙는 4형식입니다. 왜, 어떤 경우에 목적어가 2개 필요할까요? 역시나 동사의 뜻에 답이 있어요.

❶ 4형식이 뭔데?   주어 + 수여동사(타동사에 속함) + 간접 목적어('~에게') + 직접 목적어('~을/를')
❷ 수여동사란?   우리말로 '주다'라는 의미가 있는 동사.
❸ 동사 외우자!   give(주다), send(보내 주다), teach(가르쳐 주다), buy(사 주다), tell(말해 주다)...

수여동사는 왜 목적어가 2개 필요할까요? 선물을 준다면, 무슨 선물인지도 중요하지만 누구에게 주는지도 중요하겠죠? 그래서 '누구에게'인지 같이 써 주는 거예요.

Allison teaches the students English.   앨리슨은 학생들에게 영어를 가르친다.
주어   동사   간접 목적어   직접 목적어

5형식

주어	+	동사	+	목적어	+	보어

이것까지 배우면 여러분은 이 세상에 존재하는 모든 문장을 해석할 수 있게 됩니다. 5형식은 마지막에 등장한 만큼, 최종 보스 같은 친구예요. 그러니 만만치 않겠죠? 아래 설명과 예문을 꼼꼼히 살펴보세요.

---

❶ **5형식이 뭔데?** 주어 + 타동사('~을/를' 필요함) + 목적어('~을/를') + 보어(목적격 보어)

❷ **목적격 보어란?** 목적어를 보충하는 말. 명사나 형용사. '목적어 = 보어'라고 이해하면 쉬움.
　　　　　　　　　▶ '목적어 – 목적격 보어'는 '주어 – 동사' 같은 관계!

❸ **동사 외우자!** ① make(~를 …하게 만들다), keep(~를 …하게 유지하다), call(~를 …라고 부르다)…

　　　　　　　　② '유도'의 의미를 갖는 동사: want(~가 …하기를 원하다),
　　　　　　　　　　　　　　　　　　　　allow(~가 …하도록 허락하다)…

　　　　　　　　③ 일을 시키는 '사역'동사:　make(~가 …하게 하다), have(~가 …하게 하다),
　　　　　　　　　　　　　　　　　　　　let(~가 …하게 허락하다)

　　　　　　　　④ 감각과 관련된 '지각'동사:　see(~가 …하는 것을 보다), hear(~가 …하는 것을 듣다)…
　　　　　　　　* 이 책에서는 ①의 경우만 나와요.

<u>I keep my room clean.</u> 나는 내 방을 깨끗하게 유지한다. (my room = clean, '내 방이 깨끗하다' 주어–동사 관계)
주어 동사　목적어　　보어

<u>Mom makes me clean my room.</u> 엄마는 내가 방을 청소하게 하신다. ('내가 청소한다' 주어–동사 관계)
　주어　　동사　목적어　　보어

➜ **주의!** 보통 동사들은 뜻이 다양해서, 꼭 하나의 형식만 가능한 건 아니에요. 하나의 동사가 여러 형식으로 사용될 수 있어요.

❷ 준동사

이 책의 마지막 장인 Chapter 8에서 배울 준동사에 대해 살펴볼게요. "으, 어려운 문법 용어가 또 등장했어."라며 책 덮는 거 아니죠? 사실 준동사는 정말 고마운 존재예요. 만약 준동사가 없었다면 우리 단어장이 10배 이상 두꺼워졌을걸요? 준동사를 왜 배워야 하는지, 지금부터 설명해 줄게요.

준동사가 뭐야?

준동사는 '동사에 준(준결승 할 때 '준(準)')하는 것'이라는 뜻이에요. 절반만 동사인 애들이죠. 절반은 동사의 성격을 가지고 있는데 나머지 절반은 다른 품사인 거예요!

준동사는 왜 생겼어?

동사를 명사, 형용사, 부사 같은 다른 품사의 자리에 활용하려고 만든 것!

왜 동사를 활용해야 하는데?

☑ 한국어 문장 　　　　　　　　☑ 영어 문장

먹다

- '먹을 것', '먹기' → 　명사
- '먹는', '먹을' → 　형용사
- '먹으려고' → 　부사

eat

- eating(동명사), to eat(to부정사) 　　　　　→ 　명사
- eating(현재분사), eaten(과거분사), to eat(to부정사) → 　형용사
- to eat(to부정사) 　　　　　　　　　　　→ 　부사

한국어에서 '먹다'의 '먹–'을 가지고 형태를 바꿔 가면서 활용하죠. 왜요? 안 그러면 새로운 단어가 무한정 필요하거든요. 영어에서도 똑같아요. 동사 eat를 여러 준동사의 형태로 활용하는 거예요. 어때요? 준동사는 정말 고마운 존재라는 걸 알 수 있죠?

준동사의 종류

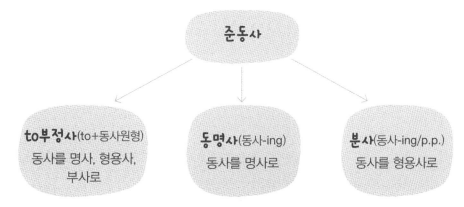

Chapter 1

의문사
의문문

Yes/No
의문문

대답을 '네/아니오'로 해요.
*1권에서 배웠어요.

be동사
현재

일반동사
현재

현재
진행형

be동사+주어 ~?

Do/Does+주어+동사원형 ~?

be동사+주어+동사-ing ~?

Who ~?
누구

Whose ~?
누구의

What ~?
무엇

대답을
주관식으로
해요.

Which ~?
어느 (것)

의문사 의문문

When ~?
언제

How ~?
어떻게, 얼마나

Where ~?
어디에

Why ~?
왜

UNIT 01 who

① 의문사의 개념과 어순

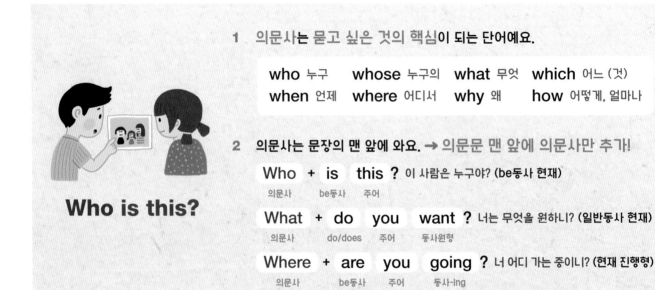

1 의문사는 묻고 싶은 것의 핵심이 되는 단어예요.

> who 누구   whose 누구의   what 무엇   which 어느 (것)
> when 언제   where 어디서   why 왜   how 어떻게, 얼마나

2 의문사는 문장의 맨 앞에 와요. → 의문문 맨 앞에 의문사만 추가!

Who + **is** **this** ? 이 사람은 누구야? (be동사 현재)
의문사 be동사 주어

What + **do** **you** **want** ? 너는 무엇을 원하니? (일반동사 현재)
의문사 do/does 주어 동사원형

Where + **are** **you** **going** ? 너 어디 가는 중이니? (현재 진행형)
의문사 be동사 주어 동사-ing

Who is this?

A 우리말과 같은 뜻이 되도록 빈칸에 알맞은 의문사를 써 넣으세요.

1 네 취미는 무엇 이니? → ___What___ is your hobby?

2 누가 너의 여자친구이니? → _____ is your girlfriend?

3 너 지금 어디 있어? → _____ are you now?

4 샐리가 왜 울고 있니? → _____ is Sally crying?

B 문장에서 틀린 부분에 동그라미 하고, 바르게 고쳐 쓰세요. 틀린 부분이 없으면 'OK'라고 쓰세요.

1 ⟨Is who⟩ that cute boy? 저 귀여운 남자애는 누구니? → ___Who is___

2 Which is your toy? 네 장난감이 어떤 거야? → _____

3 My pen is where? 내 펜이 어디에 있지? → _____

4 What you do after school? 넌 학교 끝나고 뭐 해? → _____

5 Why you are laughing? 너 왜 웃고 있니? → _____

●정답 196쪽●

❷ who, whose

1 who는 '누구'라는 뜻의 의문사예요. 문장에서 어떤 자리에 사용되는지에 따라 '누구', '누가', '누구를' 등으로 해석해요.

2 who가 주어 역할을 할 때는 who 뒤에 바로 동사가 와요. who가 주어일 경우, 보통 3인칭 단수로 보기 때문에 동사에 -(e)s를 붙여요.
   Who knows the answer? 누가 정답을 아나요?

   주의! 의문사가 '주어'일 때 do/does를 쓰면 안 돼요.
   ⊗ Who does the answer know?

3 '누구의' 것인지 소유를 물을 때는 'whose+명사' 형태를 써요.
   Whose bag is this? 이것은 누구의 가방이니?

Who knows the answer?

C 우리말과 같은 뜻이 되도록 주어진 단어를 활용하여 문장을 완성하세요.

1 누가 옆집에 사니? (live) → _Who_ _lives_ next door?

2 누가 열쇠를 갖고 있니? (have) → _____ the key?

3 누가 수학을 좋아하니? (like) → _____ math?

4 이건 누구의 책이니? (book) → _____ is this?

D 우리말과 같은 뜻이 되도록 단어의 순서를 맞춰 문장을 만들어 보세요.

1 누가 너희 부모님이시니? (parents / who / your / are)
   → _Who are your parents?_

2 이것들은 누구의 신발이니? (are / whose / shoes / these)
   → _____

3 누가 이 노래를 아니? (knows / song / this / who)
   → _____

UNIT 02 what

① what

What is your name?

1 what은 '무엇'이라는 뜻을 가진 의문사예요. 어떤 자리에 사용되는지에 따라 '무엇', '무엇이', '무엇을' 등으로 해석해요.

2 what 의문문의 어순은 앞에서 배운 것처럼, be동사/일반동사 의문문의 맨 앞에 what을 쓰면 돼요. 참 쉽죠?

> What / is   your name ? 네 이름은 무엇이니? (be동사 현재)
> 의문사   be동사   주어

> What / do   you   want ? 너는 무엇을 원하니? (일반동사 현재)
> 의문사   do/does   주어   동사원형

> What / are   you   doing ? 너는 무엇을 하고 있니? (현재 진행형)
> 의문사   be동사   주어   동사-ing

A 우리말과 같은 뜻이 되도록 알맞은 단어에 동그라미 하세요.

1 그의 이름은 무엇이니? → **Who /(What)** is his name?

2 그는 무엇을 하니? → **Whose / What** does he do?

3 그 애는 무엇을 하는 중이니? → **Who / What** is she doing?

B 우리말과 같은 뜻이 되도록 문장을 완성하세요.

1 그게 뭐야?

→ _____ _____ it?

2 너는 가방 안에 무엇을 갖고 있니?

→ _____ have in your bag?

3 그는 무엇을 싫어하니?

→ _____ hate?

❷ what이 주어일 때, what+명사

1 what이 주어 역할을 할 때는 what 뒤에 바로 동사가 와요. who가 주어일 때와 마찬가지로 what을 3인칭 단수로 보기 때문에 동사에 -(e)s를 붙여요.

What smells so good? 뭐가 이렇게 좋은 냄새가 나요?

What makes you angry? 무엇이 너를 화나게 하니?

2 'what+명사' 형태로 써서 '무슨 ~'인지를 물어볼 수도 있어요. '어떤 종류의 ~'인지 물어볼 때는 'what kind of+명사'를 써요.

What <u>food</u> do you like? 너는 무슨 음식을 좋아하니?

What kind of <u>music</u> do you like?
너는 어떤 종류의 음악을 좋아하니?

What smells so good?

C 우리말과 같은 뜻이 되도록 단어의 순서를 맞춰 문장을 만들어 보세요.

1 무엇이 저 소리를 내고 있는 거니? (is making / what / noise / that)

→ _____

2 너는 어떤 종류의 영화를 좋아하니? (like / movies / kind of / do / you / what)

→ _____

3 무엇이 우리를 기쁘게 하지? (happy / us / what / makes)

→ _____

D 틀린 부분을 알맞게 고쳐 문장 전체를 다시 쓰세요. 틀린 부분이 없으면 'OK'라고 쓰세요.

1 What kind food do you want? → _____

2 What make you sad? → _____

3 Do you like what fruits? → _____

4 What is your sister doing? → _____

A 둘 중에서 알맞은 의문사를 골라 대화를 완성하세요.

1

A: **Who / What** is he?

B: He is my cousin Jim.

2

A: **Who / What** are they doing?

B: They're making a sandcastle.

3

A: **Who / Whose** coat is this?

B: It's mine.

4

A: **What / Whose** color do you like?

B: I like green.

B 보기와 같이 밑줄 친 부분을 묻는 의문문으로 주어진 문장을 바꿔 쓰세요.

> 보기 I need a <u>new cell phone</u>. 나는 새 핸드폰이 필요해. → What do you need?

1 She is <u>my grandmother</u>. 그분은 우리 할머니이셔.

→ _____

2 That is <u>Laura's</u> bike. 저것은 로라의 자전거야.

→ _____

3 His favorite subject is <u>P.E.</u> 그가 제일 좋아하는 과목은 체육이야.　　　*P.E.: 체육

→ _____

4 Those are <u>my sister's</u> socks. 저것들은 내 여동생의 양말이야.

→ _____

5 <u>William</u> is winning the race. 윌리엄이 경주에서 이기고 있어.

→ _____

C 주어진 문장의 우리말 해석을 쓰세요.

1 Who has my book? → _____

2 Whose cup is this? → _____

3 What sport do you like? → _____

4 What does he have in his hand? → _____

D 문장에서 잘못된 부분을 찾아 동그라미 하고 문장을 올바르게 고쳐 쓰세요.

1 Who dogs are they? 그들은 누구의 개들이니?

→ _____

2 What are you want for lunch? 너는 점심으로 무엇을 원하니?

→ _____

3 What is your favorite singer? 네가 가장 좋아하는 가수는 누구니?

→ _____

E 대화를 읽고, 밑줄 친 세 문장에서 잘못된 부분을 찾아 각 번호의 빈칸에 바르게 고쳐 쓰세요.

A: ¹ Do you do what on weekends?

B: I go to the gym with my dad. I usually meet Sally there.

A: ² Who Sally is? I don't know her.

B: She is my classmate. ³ Who do you do on weekends?

A: I play computer games with my sister.

1 _____

2 _____

3 _____

UNIT 03 which

① which

Which is mine?

1   which는 '어느 것', '어떤 것'이라는 뜻의 의문사예요.

     Which is mine? 어느 게 내 거지?

2   which는 what과 비슷하지만 다음과 같은 차이점이 있어요.

what	which
• 아무거나에서 고르기	• 한정된 선택지에서 고르기

What is your favorite color?
네가 제일 좋아하는 색은 뭐니? (아무 색이나)

Which do you prefer, red or blue?
너는 빨간색과 파란색 중 어느 것을 더 좋아하니? (둘 중 하나)

A   그림을 보고, 빈칸에 'What'과 'Which' 중 더 알맞은 것을 써서 문장을 완성하세요.

1	2	3
_____ is my notebook?	_____ is your brother?	_____ way is right?

B   우리말을 보고, 둘 중에서 더 알맞은 단어에 동그라미 하세요.

1   너는 점심 식사로 주로 무엇을 먹니?

     → **Which** / **What** do you usually have for lunch?

2   너는 고양이와 개 중 어떤 걸 더 좋아하니?

     → **Which** / **What** do you like better, cats or dogs?

3   그들은 수학과 과학 중 어느 쪽을 더 좋아하니?

     → **Which** / **What** do they prefer, math or science?

❷ which+명사

1 which 뒤에 명사가 오면 '어느/어떤 ~'이라는 의미를 나타내요.

Which bike is yours? 어떤 자전거가 네 거야?

Which singer do you like? 너는 어떤 가수를 좋아해?

2 이때에도 마찬가지로 'what+명사'는 아무거나에서 고르는 것이고, 'which+명사'는 한정된 선택지에서 고르는 거예요.

What food do you like?
너는 무슨 음식을 좋아하니? (아무 음식이나)

Which food do you like more, *tteokbokki* or ramen?
너는 떡볶이와 라면 중 어떤 음식을 더 좋아하니? (둘 중 하나)

Which bike is yours?

C 우리말과 같은 뜻이 되도록 단어의 순서를 맞춰 문장을 만들어 보세요.

1 어느 지우개가 걔의 거니? (hers / which / eraser / is)

→ _____ ?

2 너는 사과와 배 중 어느 과일을 원하니? (do / want / fruit / you / which)

→ _____, apples or pears?

3 너는 여름과 겨울 중 어느 계절을 좋아하니? (do / you / which / season / like)

→ _____, summer or winter?

D 어색한 부분을 알맞게 고쳐 문장을 다시 쓰세요.

1 What music do they prefer, hip-hop or rock?

→ _____

2 Do you enjoy which sport, soccer or baseball?

→ _____

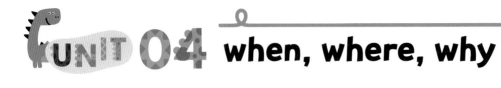

UNIT 04 when, where, why

1 when, what time

When is your birthday?

1 when은 '언제'라는 뜻의 의문사예요.

When is your birthday? 네 생일은 언제니?

When are you free? 너는 언제 한가하니?

When do you play the piano? 너는 언제 피아노를 치니?

2 구체적으로 '몇 시'인지 물을 때는 when 대신 what time을 사용해요.

What time do you get up? 너는 몇 시에 일어나니?

What time does he finish school? 걔는 몇 시에 학교를 마치니?

What time does your mom get home?
너희 엄마는 몇 시에 집에 오시니?

A 우리말과 같은 뜻이 되도록 빈칸을 채워 문장을 완성하세요.

1 너는 언제 집에 있니? → _____ _____ you at home?

2 너는 몇 시에 점심을 먹니? → _____ do you have lunch?

3 그들은 언제 책을 읽니? → _____ they read books?

4 그 가게는 몇 시에 문을 닫니? → _____ does the shop close?

B 우리말과 같은 뜻이 되도록 단어의 순서를 맞춰 문장을 만들어 보세요.

1 마이크(Mike)의 생일은 언제니? (Mike's / is / birthday / when)

→ _____

2 너희 아빠는 언제 세차를 하시니? (when / dad / his car / your / wash / does)

→ _____

3 넌 몇 시에 아침을 먹니? (do / what / you / have / time / breakfast)

→ _____

❷ where, why

1 where는 '어디에(서)'라는 뜻의 의문사예요.

Where is Dad? 아빠가 어디에 계시지?

Where do you live? 너는 어디에 사니?

Where are you going? 너는 어디에 가는 중이니?

2 why는 '왜'라는 뜻으로, 이유를 물어보는 의문사예요.

Why is he angry? 그는 왜 화가 났니?

Why are you crying? 너는 왜 울고 있니?

Why do you like baseball? 너는 왜 야구를 좋아하니?

Why are you crying?

C 빈칸에 'Where'와 'Why' 중 알맞은 것을 써서 대화를 완성하세요.

1

A: _____ are you going?
B: I'm going to the library.

2

A: _____ are they fighting?
B: They want the same toy.

D 우리말을 보고, 둘 중에서 알맞은 것을 고르세요.

1 유진아, 너 지금 어디야? → Yujin, **when / where** are you now?

2 수학 시험은 언제니? → **Why / When** is the math test?

3 샘(Sam)은 왜 항상 늦을까? → **Why / Where** is Sam always late?

4 너는 왜 나를 좋아해? → **Do you why / Why do you** like me?

5 내 고양이가 어디 숨어 있지? → **Where is / Is where** my cat hiding?

A 둘 중에서 알맞은 것을 골라 대화를 올바르게 완성하세요.

1

A: **When / What time** is your birthday?

B: It's May 10.

2

A: **Which / Where** is my bag?

B: It's under the table.

3

A: **Why / When** do you like cats?

B: Well, they are really cute!

4

A: **Where / Which** do you want, yellow or red?

B: I want red.

B 상자에서 알맞은 의문사를 골라 빈칸에 넣어 대화를 완성하세요. (한 번씩만 사용할 것)

What time	Where	When	Which	Why

1 A: _____ is your mom's birthday?

B: It is this Friday.

2 A: _____ is James from?

B: He is from America.

3 A: _____ does school start?

B: It starts at 8:30 AM.

4 A: _____ are you angry?

B: My friends are late again.

5 A: _____ do you prefer, rice or bread?

B: I prefer bread.

C 우리말과 일치하도록 영어 문장을 바르게 고쳐 쓰세요.

1 그는 어느 나라에서 왔니? Where country is he from?

→ _____

2 너는 어디서 바이올린을 연주하니? Do you play the violin where?

→ _____

3 수지는 몇 시에 집에 오니? When time does Suzy come home?

→ _____

D 단어의 순서를 맞춰 문장을 만들어 보세요.

1 your | hobby | is | What | ? → _____

2 Where | your | brother | is | ? → _____

3 you | do | go | When | to bed | ? → _____

4 do | you | Where | study | ? → _____

5 Which | game | like | you | do | ? → _____

E 어떤 피아니스트의 인터뷰를 보고, 'When', 'Where', 'Why' 중 알맞은 의문사를 빈칸에 쓰세요.

Host: You travel a lot. Do you enjoy your life?

Pianist: Yes, I do. But sometimes I feel lonely.

Host: ¹ _____ do you feel lonely?

Pianist: Well, I usually practice alone.

Host: I see. ² _____ do you practice?

Pianist: I practice in a small practice room.

Host: ³ _____ does your practice finish? Late at night?

Pianist: Yes. My practice starts at noon and finishes at night.

*lonely: 외로운

UNIT 05 how

① how+be동사

1 how는 '어떻게'라는 뜻의 의문사예요.

2 how가 be동사 의문문에 쓰일 때는 건강, 근황, 날씨 등 주어의 상태가 어떤지 물어보는 거예요. 상황에 맞게 대답하면 되겠죠?

How are you? – I'm fine.
어떻게 지내세요? – 잘 지내요.

How is your grandfather? – He is well.
너희 할아버지는 어떻게 지내셔? – 건강하셔.

How is the weather today? – It's cloudy.
오늘 날씨가 어때? – 구름이 많아.

How are you?

A 주어진 우리말 뜻에 맞도록, 빈칸에 알맞은 단어를 쓰세요.

1
그 와인은 어때?

→ _____ _____ the wine?

2

너희 할머니는 어떠셔?

→ _____ _____ your grandma?

B 주어진 질문에 어울리는 대답을 연결해 보세요.

1 How is he? •   • **a** It's sunny.

2 How is your steak? •   • **b** It's delicious.

3 How are your new friends? •   • **c** He's sick.

4 How is the weather today? •   • **d** They're kind.

❷ how+일반동사

1 how가 일반동사 의문문에 쓰이면 주로 방법을 물어보는 거예요.

How do you go to school? 너는 어떻게 학교에 가니?

How does it work? 그것은 어떻게 작동하지?

How do you know her? 넌 어떻게 그 여자애를 알아?

2 how가 일반동사 의문문에서 상태를 의미하는 경우도 있어요.

How are you doing? 너는 어떻게 지내고 있어?

How do I look? 나 어때 보여?

How are you feeling now? 지금 기분이 어때?

How do you go to school?

C 주어진 영어 문장을 우리말로 알맞게 해석하세요.

1

How do you study English?

→ _____

2

How are your grandparents doing?

→ _____

D 대답을 보고, 빈칸에 알맞은 단어를 써서 대화를 완성하세요.

1 A: _____ _____ you go to the park?　　B: I go there by bus.

2 A: _____ _____ he play soccer well?　　B: He practices hard.

3 A: _____ _____ you doing today?　　B: I'm doing well.

4 A: _____ _____ I look?　　B: You look fine.

UNIT 06 how+형용사/부사

1 how+many/much

How much is this?

1 'how+형용사/부사'는 '얼마나 ~한/하게'라는 뜻이에요.
'how+형용사/부사'를 마치 하나의 의문사처럼 생각하면 돼요.

2 how many/much는 '얼마나 많은/많이'라는 뜻이에요.

how many	how much
• 수를 물어볼 때 사용	• 양, 정도, 가격을 물어볼 때 사용
• 뒤에 셀 수 있는 명사의 복수형이 옴	• 뒤에 셀 수 없는 명사가 옴

How many <u>people</u> are there? 사람들이 얼마나 많이 있나요?

How much <u>homework</u> do you have? 너는 숙제가 얼마나 많니?

How much is this? 이것은 얼마인가요?

A 우리말 뜻에 맞게 둘 중에서 알맞은 것을 고르세요.

1 부산에는 얼마나 많은 사람이 사니? → How **many** / **much** people live in Busan?

2 우린 돈이 얼마나 필요해? → How **many** / **much** money do we need?

3 그들은 개를 얼마나 많이 키우니? → How **many** / **much** dogs do they have?

4 주스가 얼마나 있니? → How **many** / **much** juice is there?

B 빈칸을 알맞게 채워 대화를 완성하세요.

1 A: _____ _____ friends do you have? 넌 친구가 얼마나 많니?

   B: I have three best friends. 정말 친한 친구가 셋 있어요.

2 A: _____ _____ is that bag? 저 가방 얼마예요?

   B: 12 dollars. 12달러입니다.

3 A: _____ _____ items do you have? 너 아이템 얼마나 많이 있어?

   B: I have five. 다섯 개 있어.

❷ how+old/often/long/far...

how 뒤에 자주 쓰이는 형용사와 부사를 알아 두세요.

How old ~? 몇 살? (나이)　　　How long ~? 얼마나 긴? (길이)
How often ~? 얼마나 자주? (빈도)　How far ~? 얼마나 먼? (거리)
How tall ~? 얼마나 큰/높은? (키, 높이)
How heavy ~? 얼마나 무거운? (무게)

How old are you? 너는 몇 살이니?

How long is winter vacation? 겨울 방학은 얼마나 길어?

How often do you clean your room? 너는 얼마나 자주 방을 청소해?

How far is your house from here? 너희 집은 여기서 거리가 얼마나 돼?

How old are you?

C　우리말 뜻에 맞게 둘 중에서 알맞은 것을 고르세요.

1　너는 얼마나 자주 피아노를 쳐?　　　→ How **long** / **often** do you play the piano?

2　너는 키가 몇이니?　　　　　　　　→ How **tall** / **far** are you?

3　너희 학교는 여기서 얼마나 멀어?　→ How **far** / **often** is your school from here?

D　상자에서 빈칸에 알맞은 것을 골라 질문을 완성한 후, 대답과 연결해 보세요.

How long　　　How old　　　How often　　　How far

1　_____ is your sister?　　　　　　　　•　　•　a　It's 1 km.

2　_____ is the bus stop from here?　•　　•　b　Every day.

3　_____ do you go to the gym?　　•　　•　c　She's 16.

4　_____ is summer vacation?　　　•　　•　d　It's one month.

A 어울리는 질문과 대답을 연결하세요.

1 How tall is Lotte Tower? ·

2 How many cousins do you have? ·

3 How often do you see him? ·

4 How does your mom go to work? ·

5 How long is the holiday? ·

6 How do you know him? ·

7 How much is your phone case? ·

· a I have three.

· b She drives to work.

· c It's 15,000 won.

· d It's 554.5 meters tall.

· e It's five days long.

· f I see him every day.

· g He is my best friend's brother.

B 대화의 빈칸에 알맞은 말을 상자에서 골라 쓰세요.

How heavy	How tall	How much	How old

1

A: _____ is your brother?

B: He is seven years old.

2

A: _____ are you?

B: I'm 153 centimeters tall.

3

A: _____ is this?

B: It's 8 dollars.

4

A: _____ is your cat?

B: It weighs 7 kg.

C 문장에서 잘못된 부분을 찾아 문장을 바르게 고쳐 쓰세요.

1 How you know the answer? 너는 답을 어떻게 아니?

→ _____

2 How many snow do you get in winter? 겨울에 눈이 얼마나 많이 오니?

→ _____

3 Often how do you play badminton? 너는 얼마나 자주 배드민턴을 치니?

→ _____

D 단어의 순서를 맞춰 문장을 만들어 보세요.

1 Australia | How | the weather | is | in | ?   호주 날씨는 어떠니?

→ _____

2 movie | the | long | is | How | ?   그 영화는 얼마나 길어?

→ _____

3 How | is | he | for school | often | late | ?   그는 얼마나 자주 학교에 지각하니?

→ _____

E 빈칸에 알맞은 말을 써서 수(Sue)와 루시(Lucy)의 대화를 완성하세요.

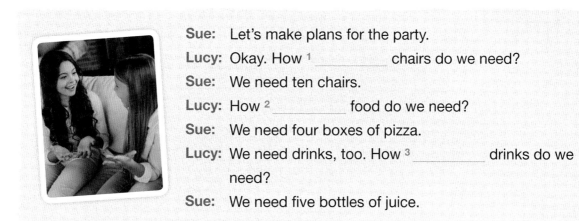

Sue: Let's make plans for the party.
Lucy: Okay. How ¹ _____ chairs do we need?
Sue: We need ten chairs.
Lucy: How ² _____ food do we need?
Sue: We need four boxes of pizza.
Lucy: We need drinks, too. How ³ _____ drinks do we need?
Sue: We need five bottles of juice.

01 다음 중 어법상 올바른 문장을 <u>모두</u> 고르세요.
2점

① Who is her boyfriend?

② Where is my glasses?

③ Who is that boy over there?

④ What is their names?

⑤ When is your birthday?

[02~03] 대화의 빈칸에 들어갈 말로 알맞은 것을
고르세요. 각 2점

02
> **A:** _____ is Allison?
> **B:** She's in her room. She's listening to music.

① Who   ② When

③ What   ④ How

⑤ Where

03
> **A:** _____ is Suhyeon doing now?
> **B:** He's cleaning his room.

① Why   ② Who

③ When   ④ What

⑤ Where

04 다음 대화의 빈칸에 들어갈 말로 가장 알맞은
것은? 2점

> **A:** Where is Sally?
> **B:** She is _____.
> **A:** What is she doing there?
> **B:** She is playing basketball.

① at the gym

② at the library

③ in the kitchen

④ in her room

⑤ at a restaurant

05 다음 대화 중 자연스럽지 <u>않은</u> 것을 고르세요.
2점

① **A:** Where is Sujin?
    B: She's in her room.

② **A:** Where is the supermarket?
    B: It is on the first floor.

③ **A:** What is Jack doing now?
    B: He's eating a sandwich.

④ **A:** Where is Yuna?
    B: She is at her friend's house.

⑤ **A:** What are you doing at the park?
    B: Yes, I am. I'm playing soccer.

06 다음 대화의 빈칸에 공통으로 들어갈 질문으로 알맞은 것은? 2점

> **A:** _____
> **B:** I like math.
> **A:** I don't like math. It's difficult for me.
> **B:** _____
> **A:** I like English. It's my favorite subject.

① Why do you like math?
② What do you do after school?
③ What are you studying now?
④ What is your favorite subject?
⑤ Who is your favorite teacher?

07 빈칸 (A)와 (B)에 들어갈 말이 바르게 짝지어진 것은? 3점

> • _____(A)_____ long do turtles live?
> • _____(B)_____ do you like better,
>   action movies or horror movies?

	(A)	(B)
①	When	How
②	What	What
③	Which	Why
④	Who	Where
⑤	How	Which

08 다음 중 빈칸에 들어갈 말이 나머지와 <u>다른</u> 하나는? 2점

① What _____ you eating?
② Where _____ they live?
③ Why _____ Tom and Jerry fighting?
④ What _____ the children watching?
⑤ Where _____ they playing soccer?

09 빈칸에 들어갈 말이 순서대로 나열된 것은? 3점

> • How _____ bread do
>   you want?
> • How _____ people are
>   there?
> • How _____ homework
>   do you have?

① much – many – many
② much – much – many
③ much – many – much
④ many – many – much
⑤ many – much – many

10 괄호 안에서 알맞은 것을 고르세요. 각 2점

(1) (Why / What) are you crying?
(2) (What / What time) do you get up?
(3) (When / How) much is this bag?
(4) (What / Who) is your favorite color?
(5) (What / Who) is your best friend?

11 다음 대화의 빈칸에 공통으로 들어갈 의문사를 쓰세요. 4점

> **A:** _____ time do you have lunch?
> **B:** I have lunch at noon.
> **A:** _____ do you eat for lunch?
> **B:** I usually eat a sandwich.

→ _____

12 주어진 의문사를 사용해서 다음 우리말 문장을 영작하세요. 각 5점

(1)
> 이것은 누구의 가방이니?
> • whose

→ _____

(2)
> 그는 왜 슬퍼 보이니?
> • why, look

→ _____

13 다음 표를 참고해서 주어진 대답에 알맞은 질문을 완성하세요. 각 3점

이름	사는 곳	좋아하는 동물
Jiweon	Seoul	☑cats ☑dogs

(1) **Q:** _____ _____ Jiweon _____?

　　A: She lives in Seoul.

(2) **Q:** _____ animal does Jiweon like, cats or dogs?

　　A: She likes both of them.

*both: 둘 다

의문사 의문문 개념 정리

• 정답 201쪽 •

01 의문사는 의문의 핵심이 되는 단어이다. 의문사가 나오는 의문문을

⬜⬜⬜ 의문문이라고 한다.

02 영어의 의문사에는 ⬜⬜⬜⬜ (누구), ⬜⬜⬜⬜⬜

(누구의), ⬜⬜⬜⬜ (무엇), ⬜⬜⬜⬜⬜ (어떤 ~,

어떤 것), ⬜⬜⬜⬜ (언제), ⬜⬜⬜⬜⬜ (어디에),

⬜⬜⬜ (왜), ⬜⬜⬜ (어떻게, 얼마나)가 있다.

03 의문사 의문문을 쓸 때는 의문사를 문장 맨 ⬜ 에 쓰고, 뒤에는

be동사/일반동사 ⬜⬜⬜ 을 그대로 붙인다.

(예: What + are you doing? / Where + do you live?)

04 단, 의문사가 주어일 때는 의문사 뒤에 바로 ⬜⬜ 가 온다.

(예: Who + knows the answer? / What + smells so good?)

05 ⬜⬜⬜⬜ 은 아무거나에서 고를 때, ⬜⬜⬜⬜⬜ 는

한정된 선택지에서 고를 때 쓴다. 둘 다 뒤에 명사가 올 수도 있다.

06 how는 혼자 쓰이면 '⬜⬜⬜'라는 뜻이지만 'how+형용사/

부사' 형태로 쓰이면 '⬜⬜⬜'라는 뜻이 된다.

07 how many/much 는 얼마나 '많은/많이'라는 뜻이다.

how many 뒤에는 셀 수 ⬜⬜ 명사가 오고, how much 뒤에는

셀 수 ⬜⬜ 명사가 온다.

Chapter 2

과거

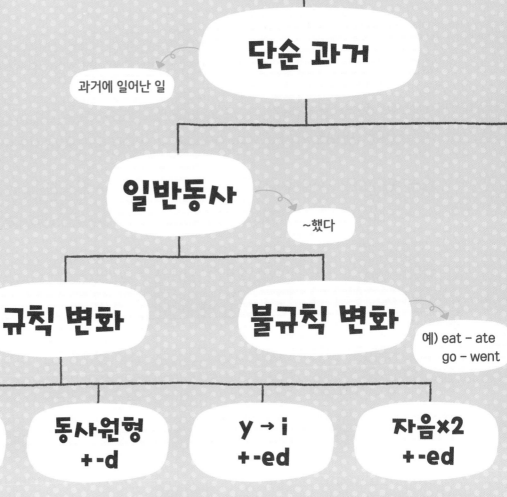

단순 과거

과거에 일어난 일

일반동사

~했다

규칙 변화

불규칙 변화

예) eat – ate
go – went

**동사원형
+-ed**

**동사원형
+-d**

**y → i
+-ed**

**자음×2
+-ed**

I won!

과거

지나간 일에 대해 말할 때

~하는 중이었다

과거 진행형

과거에 진행되고 있었던 일

be동사

~였다, 있었다

was +
동사-ing

주어가
I, he, she, it일 때

were +
동사-ing

주어가
you, we, they일 때

was

주어가
I, he, she, it일 때

were

주어가
you, we, they일 때

We were running.

UNIT 07 be동사 과거 긍정문

① 과거 시제 개념, was

I was tired last night.

1 과거 시제는 지나간 일을 의미합니다. be동사가 현재 시제일 때는 '~이다' 또는 '(~에) 있다'라는 뜻이죠? 과거 시제가 되면 '~였다' 또는 '(~에) 있었다'라는 뜻입니다.

I am a little girl. 나는 어린 소녀이다. (현재)

I was a little girl. 나는 어린 소녀였다. (과거)

2 주어가 I이거나 3인칭 단수(he, she, it)일 때 be동사의 과거형은 was를 써요. be동사 뒤에 오는 말을 주어와 = 표시로 이해하면 쉬워요.

I was tired last night. 나는 어젯밤에 피곤했다. (I = tired)

He was busy yesterday. 그는 어제 바빴다. (he = busy)

A 밑줄 친 be동사 현재형을 알맞게 바꾸어 빈칸에 써서 과거 시제 문장을 완성하세요.

현재 시제	과거 시제
1 I <u>am</u> hungry.	→ I _____ hungry.
2 The house <u>is</u> very big.	→ The house _____ very big.
3 She <u>is</u> an English teacher.	→ She _____ an English teacher.

B 주어진 단어를 활용하여 우리말 문장을 영작하세요. (알맞은 형태의 be동사 쓰기)

1 그는 의사였다. (doctor)

→ _____

2 그녀는 내 제일 친한 친구였다. (best friend)

→ _____

3 나는 어제 아팠다. (sick)

→ _____

❷ were

1 주어가 we, you, they일 때 be동사 과거형은 were을 써요.

주어	be동사 현재형	be동사 과거형
I	am	was
you, we, they	are	were
he, she, it	is	was

We were young then. 그때 우린 젊었죠. (we = young)

2 주어가 **명사**일 때 **단수**면 was를, **복수**면 were를 쓰면 돼요.

The book was in my bag. 그 책은 내 가방에 있었다. (단수)

Chris and Eva were at home. 크리스와 에바는 집에 있었다. (복수)

We were young then.

C 우리말과 일치하도록 알맞은 형태의 be동사를 고르세요.

1 우리는 학생이었다. → We **are** / **were** students.

2 너는 매우 친절했다. → You **was** / **were** very kind.

3 그 아이들은 행복했다. → The children **was** / **were** happy.

4 에드(Ed)는 축구 선수였다. → Ed **was** / **were** a soccer player.

D 우리말과 일치하도록 틀린 부분을 바르게 고쳐 문장 전체를 다시 쓰세요.

1 너는 정말 아름다웠지. You are so beautiful.

→ _____

2 그 여자아이들은 체육관에 있었다. The girls was at the gym.

→ _____

3 그때 브래드와 저는 키가 아주 작았죠. Brad and I was very short then.

→ _____

UNIT 08 be동사 과거 부정문과 의문문

1 be동사 과거 부정문

He was not asleep.

1 be동사 과거 부정문은 '~이 아니었다' 또는 '(~에) 있지 않았다' 라는 뜻이에요. 'be동사 과거형+not'의 형태로 쓰면 돼요.

He was asleep. 그는 잠들어 있었다.

→ He was not asleep. 그는 잠들어 있지 않았다.

2 'be동사 과거형+not'을 다음과 같이 줄여 쓸 수 있어요.

> was not → wasn't   were not → weren't

★ 두 단어를 붙여 쓰고 o 대신 위에 '(어퍼스트로피)를 쓰면 끝!

He wasn't asleep. 그는 잠들어 있지 않았다.

They weren't at home. 그들은 집에 있지 않았다.

A 그림과 일치하도록 빈칸에 be동사를 알맞은 형태로 쓰세요.

1

Last year, he _____ slim.

Now, he is slim.

2

Last year, you _____ a winner.

Now, you are a winner.

B 틀린 부분을 알맞게 고쳐 문장 전체를 다시 쓰세요.

1 The boys wasn't quiet in class. 그 남자아이들은 수업 시간에 조용하지 않았다.

→ _____

2 Julia not was a young girl. 줄리아는 어린 소녀가 아니었다.

→ _____

❷ be동사 과거 의문문

1 be동사 **과거** 문장을 **의문문**으로 만들고 싶다면, **주어**와 **동사**의 위치를 바꿔 주면 돼요. ➡ 주어-동사 크로스!

He   was   late for school . 그는 학교에 지각했다.

Was   he   late for school ? 그는 학교에 지각했니?

2 be동사 과거 의문문에 대한 **대답**은 긍정이면 '**Yes, 주어+was/were.**'로, 부정이면 '**No, 주어+wasn't/weren't.**'로 해요.

Were the children on the playground?
그 아이들은 놀이터에 있었니?

– **Yes, they were.** 네. / **No, they weren't.** 아니요.

**Was he late
for school?**

C 주어진 문장을 의문문으로 알맞게 고칠 때, 빈칸에 알맞은 말을 쓰세요.

1 You were in the library.   ➔ _____ _____ in the library?

2 It was Brian's car.   ➔ _____ _____ Brian's car?

3 They were angry yesterday.   ➔ _____ _____ angry yesterday?

4 Kelly was busy last week.   ➔ _____ _____ busy last week?

5 He was Julia's boyfriend.   ➔ _____ _____ Julia's boyfriend?

D 의문문과 대답을 알맞게 연결해 대화를 완성하세요.

1 Was your mom sick last year? •   • a No, they weren't.

2 Was the toy expensive? •   • b No, I wasn't.

3 Were you a history teacher? •   • c Yes, it was.

4 Were they singers? •   • d Yes, she was.

A 그림을 보고, 둘 중에서 알맞은 말을 골라 대화를 완성하세요.

1

A: **Was** / **Were** the woman a singer?

B: No, she **wasn't** / **weren't**.

2

A: **Was** / **Were** the dog friendly?

B: Yes, it **was** / **were**.

3

A: **Was** / **Were** you sick last night?

B: No, I **wasn't** / **weren't**.

4

A: **Was** / **Were** you late for school?

B: Yes, we **was** / **were**.

B 보기 와 같이 주어진 문장을 괄호 안의 지시대로 바꾸어 쓰세요.

> 보기   It was my hat. (부정문) → It was not my hat.

1 My grandmother was a nurse. (부정문)

→ _____

2 The pizza wasn't delicious. (긍정문)

→ _____

3 Her book was on the desk. (의문문)

→ _____

4 The children were eight years old. (부정문)

→ _____

5 They were very excited yesterday. (의문문)

→ _____

C 문장에서 잘못된 부분을 찾아 문장을 바르게 고쳐 쓰세요.

1 I were at the library. 나는 도서관에 있었다.

→ _____

2 We wasn't hungry. 우리는 배고프지 않았다.

→ _____

3 Tom and James was classmates last year. 톰과 제임스는 작년에 같은 반 친구였다.

→ _____

D 주어진 표현을 사용하여 우리말을 영작하세요.

1 그는 내 이웃이었다. (neighbor)   → _____

2 나는 집에 없었다. (at home)   → _____

3 그들은 어제 피곤했니? (tired)   → _____

E 릭(Rick)의 어린 시절 사진을 보며 두 사람이 나누는 대화를 읽고, 밑줄 친 네 문장에서 잘못된 부분을 찾아 바르게 고치세요.

Dahee: Wow! ¹ Rick, you was very tall!

Rick: Yes, I was.

Dahee: ² Was you a basketball player?

Rick: ³ No, I weren't. ⁴ I not was good at basketball.

1 _____ → _____   **2** _____ → _____

3 _____ → _____   **4** _____ → _____

UNIT 09 일반동사 과거: 규칙 변화 (1)

❶ 동사원형+-ed

We watched a movie yesterday.

1 일반동사는 주어가 하는 일을 나타내요. 일반동사가 현재 시제일 때 뜻은 '~한다'이지만 과거 시제일 때는 '~했다'가 돼요.
I play soccer every day. 나는 매일 축구를 한다. (현재)
I played soccer yesterday. 나는 어제 축구를 했다. (과거)

2 기본적으로 일반동사의 과거형은 동사원형 뒤에 -ed를 붙여요. 기쁜 소식! 일반동사 과거형은 주어가 무엇이든 형태가 같아요.

play → played 놀았다, 했다	watch → watched 보았다
open → opened 열었다	call → called 불렀다, 전화했다

We watched a movie yesterday. 우리는 어제 영화를 보았다.

A 동사의 올바른 과거형을 고르세요.

1
☐ work
☐ worked

2
☐ walked
☐ walking

3
☐ kicks
☐ kicked

4
☐ brushd
☐ brushed

B 우리말 뜻에 맞게 주어진 동사의 형태를 알맞게 바꿔 빈칸에 쓰세요.

1 나는 작년에 중국어를 배웠다. (learn) → I _____ Chinese last year.

2 그 애는 내 이름을 물어보았다. (ask) → She _____ my name.

3 웬디는 시험에 합격했다. (pass) → Wendy _____ the exam.

4 우리는 축구 경기를 보았다. (watch) → We _____ a soccer game.

② 동사원형+-d

동사원형 뒤에 -ed를 붙이면 과거형이 되는 게 기본 규칙이지만, 이미 e로 끝
나는 동사는 -d만 붙이면 돼요. 글자를 하나 덜 써도 되니 편한 친구들이죠?

like → liked 좋아했다   love → loved 사랑했다
hate → hated 싫어했다   close → closed 닫았다
dance → danced 춤췄다   bake → baked 구웠다

★ come, make, drive는 불규칙 동사라서 이 규칙을 따르지 않는답니다. UNIT 11에서 배워요.

We baked cookies. 우리는 과자를 구웠다.
They danced together. 그들은 함께 춤췄다.
He closed the window. 그는 창문을 닫았다.
Allison loved him. 앨리슨은 그를 사랑했다.

**We baked
cookies.**

C   동사의 과거형을 만들기 위해 -ed와 -d 중 알맞은 것에 동그라미 하고, 과거형을 빈칸에 쓰세요.

1 ask   + **-ed / -d** → _____   2 move + **-ed / -d** → _____

3 start   + **-ed / -d** → _____   4 show + **-ed / -d** → _____

5 dance   + **-ed / -d** → _____   6 fix   + **-ed / -d** → _____

7 pull   + **-ed / -d** → _____   8 like   + **-ed / -d** → _____

9 live   + **-ed / -d** → _____   10 touch + **-ed / -d** → _____

D   우리말 뜻에 맞게 주어진 동사의 형태를 바꿔 빈칸에 쓰세요.

1 할아버지는 나를 많이 사랑하셨다. (love)

→ My grandfather _____ me a lot.

2 존은 나를 자기 집으로 초대했다. (invite)

→ John _____ me to his house.

3 그 여자는 문을 조용히 닫았다. (close)

→ She _____ the door quietly.

UNIT 10 일반동사 과거: 규칙 변화(2)

❶ y를 i로+-ed

He studied hard last night.

'자음+y'로 끝나는 동사는 y를 i로 바꾸고 -ed를 붙입니다.

study → studied 공부했다	cry → cried 울었다
fry → fried 튀겼다	try → tried 시도했다
worry → worried 걱정했다	marry → married 결혼했다

He studied hard last night. 그는 어젯밤에 열심히 공부했다.

The baby cried loudly. 그 아기는 큰 소리로 울었다.

The woman married a painter. 그 여자는 화가와 결혼했다.

Dad fried chicken for me. 아빠가 날 위해 닭고기를 튀겨 주셨다.

주의! '모음+y'로 끝나는 동사는 그대로 -ed를 붙여요. (play → played)

A 주어진 동사의 과거형을 쓰세요.

1

study ➡ _____

2

marry ➡ _____

3

cry ➡ _____

4

fry ➡ _____

B 우리말 뜻에 맞게 주어진 동사의 형태를 알맞게 바꿔 빈칸에 쓰세요.

1 그는 위층으로 가방을 옮겼다. (carry) ➡ He _____ the bag upstairs.

2 나는 실패했지만, 다시 시도했다. (try) ➡ I failed, but I _____ again.

❷ 자음을 한 번 더 쓰고+-ed

'단모음+단자음'으로 끝나는 동사는 자음을 한 번 더 쓰고 -ed를 붙여요.

stop → stopped 멈췄다
plan → planned 계획했다
pat → patted 토닥였다

drop → dropped 떨어뜨렸다
chat → chatted 수다 떨었다
hug → hugged 안았다

★ cut, put, sit, run 등은 불규칙 동사라서 이 규칙을 따르지 않는답니다. UNIT 11에서 배워요.

She planned a party. 그 애는 파티를 계획했다.

The man dropped his wallet. 그 남자는 지갑을 떨어뜨렸다.

주의! '단모음+단자음'으로 끝나더라도 2음절 이상이고, 강세가 앞에 있는 동사
는 자음을 한 번만 써요. (open → opened)

She planned a party.

C 주어진 동사의 과거형을 쓰세요.

1

chat → _____

2

hug → _____

3

stop → _____

D 밑줄 친 부분을 바르게 고쳐 쓰세요. 고칠 필요가 없으면 'OK'라고 쓰세요.

1 He <u>droped</u> a vase on the floor. 그는 바닥에 꽃병을 떨어뜨렸다.　→ _____

2 They <u>chated</u> on KakaoTalk. 그들은 카카오톡에서 채팅을 했다.　→ _____

3 My sister <u>planned</u> a party. 언니가 파티를 계획했다.　→ _____

4 I <u>plaied</u> the piano on the stage. 나는 무대에서 피아노를 연주했다.　→ _____

5 I <u>studyed</u> hard for the exam. 나는 시험을 위해 열심히 공부했다.　→ _____

A 동사의 올바른 과거형을 고르세요.

1

She **cryed** / **cried** a lot.

2

We **enjoyed** / **enjoied** pizza.

3

Jay and Tim **plaied** / **played** together.

4

I **opened** / **openned** the box.

B 우리말 뜻에 맞게 주어진 단어를 알맞게 배열하세요.

1 They | so much | each other | loved | . 그들은 서로를 무척 사랑했다.

→ _____

2 apples | very much | I | liked | . 나는 사과를 무척 좋아했다.

→ _____

3 a | She | new | wanted | bag | . 그녀는 새 가방을 원했다.

→ _____

4 My mom | and | cookies | I | baked | . 엄마와 나는 과자를 구웠다.

→ _____

5 I | my | brother | for | fried | potatoes | . 나는 남동생을 위해 감자를 튀겼다.

→ _____

6 dropped | He | umbrella | his | the ground | on | . 그는 자기 우산을 땅에 떨어뜨렸다.

→ _____

C 문장에서 잘못된 부분을 찾아 문장을 바르게 고쳐 쓰세요.

1 He planed a surprise party for me. 그가 날 위해 깜짝 파티를 계획했다.

   → _____

2 I tryed my best on the test. 나는 그 시험에서 최선을 다했다.

   → _____

3 I dance with my girlfriend last night. 나는 어젯밤에 여자친구와 함께 춤췄다.

   → _____

D 우리말 뜻에 맞게 괄호 안의 단어를 활용하여 영어 문장을 쓰세요. (동사의 형태 바꾸기)

1 그는 그 문을 시끄럽게 닫았다. (close, loudly)

   → _____

2 내 남동생은 영어를 열심히 공부했다. (study, hard)

   → _____

3 내 사촌이 내 컴퓨터를 고쳐 주었다. (cousin, fix, my computer)

   → _____

E 에이미(Amy)의 일기를 읽고, 빈칸에 알맞은 동사를 상자에서 골라 과거형으로 바꿔 쓰세요.

play	watch	bake	be	like

Last Saturday, my friends came to my house. We 1 _____ a movie together. The movie 2 _____ interesting. After that, we 3 _____ a board game. My mom 4 _____ cookies for us. My friends really 5 _____ the cookies. We had a great time!

UNIT 11 일반동사 과거: 불규칙 변화

① 불규칙 변화: 다른 형태

We went to Paris last year.

규칙이 있으면 **불규칙**도 있는 법! 자주 쓰이는 불규칙 동사들을 꼭 외우세요!

do → did 했다
eat → ate 먹었다
come → came 왔다
make → made 만들었다
go → went 갔다
sleep → slept 잤다
give → gave 주었다

have → had 가지고 있었다
drink → drank 마셨다
sit → sat 앉았다
meet → met 만났다
run → ran 달렸다
think → thought 생각했다
drive → drove 운전했다

★ 더 많은 불규칙 동사 변화표는 236쪽을 참조하세요.

We went to Paris last year. 우리는 작년에 파리에 갔다.

A 주어진 동사의 과거형을 쓰세요.

1

make → _____

2

sleep → _____

3

think → _____

B 우리말 뜻에 맞게 주어진 동사의 형태를 알맞게 바꿔 빈칸에 쓰세요.

1 그 아이는 햄버거를 먹었다. (eat)

→ The kid _____ a hamburger.

2 너 오늘 정말 잘했어! (do)

→ You _____ a great job today!

3 나는 어제 도서관에서 스티브를 만났다. (meet)

→ I _____ Steve at the library yesterday.

❷ 불규칙 변화: 같은 형태

원형과 과거형이 같은 동사들도 있어요. 그런 동사 중에 자주 쓰이는 것들을 아래 표에 담았으니 꼭 외우세요.

read → read 읽었다   hit → hit 쳤다, 때렸다
put → put 놓았다, 두었다   hurt → hurt 다치게 했다
cut → cut 잘랐다, 베었다   cost → cost (비용이) 들었다

★ read는 원형과 과거형의 형태가 같지만 발음이 달라요. 원형(현재형)일 때는 [리드]라고 발음하지만 과거형일 때는 [레드]라고 발음해요.

She read a book yesterday. 그 애는 어제 책을 읽었다.

Dave hit a home run. 데이브는 홈런을 쳤다.

I put my bag on the desk. 나는 책상 위에 내 가방을 두었다.

She read a book yesterday.

C   주어진 동사의 과거형을 알맞게 쓰세요.

1 put → _____   2 have → _____

3 come → _____   4 read → _____

5 sit → _____   6 run → _____

7 hit → _____   8 cost → _____

9 hurt → _____   10 cut → _____

D   다음 문장에서 틀린 부분을 바르게 고쳐 문장을 다시 쓰세요.

1 Mr. Brown comed from America. 브라운 선생님은 미국에서 오셨다.

→ _____

2 Mary readed three books last week. 메리는 지난주에 세 권의 책을 읽었다.

→ _____

3 My dad putted the key on the table. 아빠는 열쇠를 탁자 위에 두셨다.

→ _____

UNIT 12 일반동사 과거 부정문과 의문문

① 일반동사 과거 부정문

You didn't clean your room.

1 일반동사 과거 부정문을 만들기 위해서는 동사 앞에 did not을 추가하면 돼요. did not은 보통 didn't로 줄여 써요.

> did not → didn't

You **did not** clean your room. 너는 네 방을 치우지 않았어.
→ You **didn't** clean your room.

2 주의할 점은 didn't 뒤에 동사원형이 와야 한다는 거예요. 이미 did로 과거 시제라는 것을 나타냈으니, 뒤의 동사까지 과거형으로 쓰면 안 돼요!

> didn't + 동사원형

I didn't <u>play</u> soccer. 나는 축구를 하지 않았다.
ⓧ I didn't ~~played~~ soccer.

A 빈칸을 채워 주어진 문장을 부정문으로 바꾸세요.

1 She watched TV all day.

→ She _____ _____ TV all day.

2 The singer sang my favorite song.

→ The singer _____ _____ my favorite song.

3 My aunt gave me a present.

→ My aunt _____ _____ me a present.

B 우리말과 일치하도록 밑줄 친 부분을 바르게 고치세요.

1 난 너에게 거짓말하지 않았어. I <u>didn't told</u> lies to you.　→ _____

2 그는 오늘 학교에 가지 않았다. He <u>doesn't go</u> to school today.　→ _____

3 너는 나에게 편지를 쓰지 않았어. You <u>wrote didn't</u> me a letter.　→ _____

② 일반동사 과거 의문문

1 일반동사 과거 의문문을 만들기 위해서는 주어 앞에 Did를 추가하고 '주어+동사' 순으로 써요. 단, 부정문과 마찬가지로 뒤의 동사는 반드시 동사원형으로 써야 해요.

You did your homework. 너는 숙제를 했다.

→ **Did** **you** <u>do</u> **your homework?** 너는 숙제를 했니?

☒ Did you ~~did~~ your homework?

2 일반동사 과거 의문문에 대한 대답은 긍정이면 'Yes, 주어+did.'로, 부정이면 'No, 주어+didn't.'로 해요.

Did she call you? 그 여자애가 너에게 전화했니?

– **Yes, she did.** 응, 했어. / **No, she didn't.** 아니, 안 했어.

Did you do your homework?

C 빈칸을 채워 주어진 문장을 의문문으로 바꾸세요.

1 They played together at the park.

→ _____ _____ _____ together at the park?

2 You washed your hands before lunch.

→ _____ _____ _____ your hands before lunch?

3 She met her friends at the mall.

→ _____ _____ _____ her friends at the mall?

D 질문과 어울리는 대답을 연결해 대화를 완성하세요.

1 Did you hear the news?　•

2 Did she go to the party?　•

3 Did he know the answer?　•

• a No, he didn't.

• b Yes, I did.

• c No, she didn't.

MINI REVIEW　Units 11-12

A　주어진 현재 시제 문장을 과거 시제로 바꾸어 쓰세요.

1

They clean the window.

→ _____

2

She eats breakfast.

→ _____

3

They read books on the weekend.

→ _____

4

The cheetah runs fast.

→ _____

B　보기와 같이 주어진 문장을 괄호 안의 지시대로 바꾸어 쓰세요.

보기　He played with his dog. (의문문) → Did he play with his dog?

1 I had a nice bike. (부정문)

→ _____

2 Did Lisa come from Australia? (평서문)

→ _____

3 He put his wallet on the desk. (부정문)

→ _____

4 Tim went to the amusement park. (의문문)

→ _____

5 He worked hard every day. (의문문)

→ _____

C 괄호 안의 동사를 사용해서 빈칸을 알맞게 채워 대화를 완성하세요.

1 **A:** Did he _____ you his phone number? (give)

  B: Yes, he _____ .

2 **A:** Steve, _____ _____ _____ your brother? (hit)

  B: No, I _____ !

D 문장에서 잘못된 부분을 찾아 문장을 바르게 고쳐 쓰세요.

1 He didn't stopped the music. 그는 음악을 멈추지 않았다.

  → _____

2 We sleeped for ten hours. 우리는 열 시간 동안 잤다.

  → _____

3 Did you drank my coke? 내 콜라를 네가 마셨니?

  → _____

E 친구들이 주말에 한 일을 나타낸 표를 보면서 문장을 완성해 보세요. (과거 시제로 쓸 것)

Terry	Mina	Junwoo	Erica
do his homework	*go* to the museum	*meet* his friends	*read* a book

1 Terry _____ last Saturday.

2 Mina _____ on Sunday.

3 Junwoo _____ last Saturday.

4 Erica _____ during the weekend.

UNIT 13 과거 진행형 긍정문

❶ 과거 진행형 긍정문

They were playing chess.

1 진행형은 어떤 동작이 계속 진행 중인 것을 강조하는 표현이죠. 현재 진행형은 현재 진행 중인 일을 말할 때 쓰고, 과거 진행형은 과거 어떤 시점에 진행 중이었던 일을 말할 때 써요. '나는 그때 저녁 식사 중이었어'처럼, 과거의 어느 때에 일어나고 있었던 일을 말해요.

2 과거 진행형의 해석은 '~하는 중이었다' 또는 '~하고 있었다'라고 해요.

3 과거 진행형의 형태는 'was/were+동사-ing'입니다. 주어에 따라 was나 were 중에 알맞은 것을 쓰면 돼요.
He was talking on the phone. 그는 전화로 이야기하는 중이었다.
They were playing chess. 그들은 체스를 두고 있었다.

A 둘 중에서 알맞은 것을 고른 후, 우리말 해석을 완성하세요.

1

He **were** / **was** running fast.

→ 그는 빨리 _____ .

2

They were **watch** / **watching** a movie.

→ 그들은 영화를 _____ .

B 우리말 뜻에 맞게 주어진 단어를 순서대로 써 보세요.

1 그는 컴퓨터 게임을 하고 있었다. (he / playing / a computer game / was)

→ _____

2 내 고양이는 낮잠을 자고 있었다. (was / cat / taking / a nap / my)

→ _____

3 그 아이들은 마당에서 놀고 있었다. (in the yard / were / the children / playing)

→ _____

❷ '동사-ing' 만드는 법

1권에서 배운 '동사-ing' 만드는 법을 다시 복습해 볼까요?

대부분의 동사	동사원형 + -ing (eat → eating)
e로 끝나는 동사	e를 빼고 + -ing (drive → driving)
'단모음+단자음'으로 끝나는 동사	자음을 한 번 더 쓰고 + -ing (put → putting)
ie로 끝나는 동사	ie를 y로 바꾸고 + -ing (lie → lying)

We were eating dinner. 우리는 저녁을 먹고 있었다.

She was driving in the rain. 그 여자는 빗속에서 운전하는 중이었다.

We were eating dinner.

C 다음 문장을 과거 진행형으로 바꿔 쓰세요.

1 He is drinking soda. → _____

2 She listened to music. → _____

3 We are dancing at the party. → _____

4 Jen and Tony drew pictures. → _____

D 우리말과 일치하도록 밑줄 친 부분을 바르게 고치세요.

1 나는 내 방에서 공부하는 중이었다. I was study in my room. → _____

2 우리는 노래를 부르고 있었다. We was singing a song. → _____

3 그 개는 자고 있었다. The dog were sleeping. → _____

4 그들은 학교에 가는 중이었다. They were go to school. → _____

UNIT 14 과거 진행형 부정문과 의문문

❶ 과거 진행형 부정문

The dog was not barking.

1 과거 진행형 부정문은 '~하는 중이 아니었다' 또는 '~하고 있지 않았다'라는 뜻입니다. 과거 진행형 부정문을 만들려면 was/were와 '동사-ing' 사이에 not을 쓰면 돼요.

| was/were | + | not | + | 동사-ing |

The dog was barking. 그 개는 짖고 있었다.
→ The dog was not barking. 그 개는 짖고 있지 않았다.

They were cooking. 그들은 요리하는 중이었다.
→ They were not cooking. 그들은 요리하는 중이 아니었다.

2 was not은 wasn't로, were not은 weren't로 줄여 쓸 수 있어요.
The dog wasn't barking.　　They weren't cooking.

A 그림을 보고, 'not'이 들어갈 알맞은 자리에 표시하세요.

1

☐ The kid ☐ was ☐ riding ☐ a bike.

2

She ☐ was ☐ sleeping ☐ on a bed ☐.

3

☐ The woman ☐ was ☐ standing ☐.

4

We ☐ were ☐ eating ☐ burgers.

B 다음 문장을 부정문으로 바꾸세요.

1 He was playing badminton.　→ _____

2 The dogs were lying on the sofa.　→ _____

② 과거 진행형 의문문

1 과거 진행형 의문문을 만드는 법은 현재 진행형 의문문과 같아요.
주어와 be동사의 자리를 바꾸면 됩니다. → 주어—be동사 크로스!

He was playing the drums. 그는 드럼을 치는 중이었다.

Was he playing the drums? 그는 드럼을 치는 중이었니?

2 과거 진행형 의문문에 대한 대답은 긍정이면 'Yes, 주어+was/
were.'로, 부정이면 'No, 주어+wasn't/weren't.'로 해요.

Were you studying together? 너희는 같이 공부하는 중이었니?
– Yes, we were. 네, 맞아요. / No, we weren't. 아니요.

Was the phone ringing? 그 전화가 울리고 있었니?
– Yes, it was. 응, 그래. / No, it wasn't. 아니야.

Was he playing the drums?

C 다음 문장을 의문문으로 바꿀 때, 빈칸에 알맞은 말을 쓰세요.

1 He was playing the piano. → _____ _____ playing the piano?

2 Hayley was making soup. → _____ _____ making soup?

3 She was watching TV. → _____ _____ watching TV?

4 They were playing soccer. → _____ _____ playing soccer?

D 우리말 뜻에 맞게 빈칸을 채워 질문을 만들고, 대답에서 알맞은 것을 골라 답을 완성하세요.

1 A: _____ _____ watching a drama? 그들은 드라마를 보는 중이었니?

   B: No, they **wasn't / weren't**. 아니요.

2 A: _____ _____ doing exercise? 너는 운동하는 중이었니?

   B: Yes, I **was / were**. 네, 맞아요.

3 A: _____ _____ studying math? 그는 수학을 공부하는 중이었니?

   B: No, he **was / wasn't**. 아니요.

A 그림을 보고, 괄호 안에서 알맞은 말을 골라 대화를 완성하세요.

1

A: Was he playing the violin?

B: (**Yes** / **No**), he (**was** / **wasn't**).

2

A: Were you studying?

B: (**Yes** / **No**), I (**was** / **wasn't**).

3

A: Was he wearing a jacket?

B: (**Yes** / **No**), he (**was** / **wasn't**).

4

A: Was the dog eating?

B: (**Yes** / **No**), it (**was** / **wasn't**).

B 보기와 같이 주어진 문장을 괄호 안의 지시대로 바꾸어 쓰세요.

> 보기 He was having dinner. (과거 진행형 의문문) → Was he having dinner?

1 I was doing my homework. (과거 진행형 부정문)

→ _____

2 Dojun is riding his bike. (과거 진행형 긍정문)

→ _____

3 She was swimming in the lake. (과거 진행형 부정문)

→ _____

4 He doesn't throw trash on the ground. (과거 진행형 부정문)

→ _____

5 Minjae was sleeping in his room. (과거 진행형 의문문)

→ _____

C 문장에서 잘못된 부분을 찾아 문장을 바르게 고쳐 쓰세요.

1 나는 낮잠을 자고 있지 않았다. I not was taking a nap.

→ _____

2 그 애는 침대 위에서 뛰는 중이었니? Were she jumping on the bed?

→ _____

3 그들은 강을 따라 달리고 있는 중이었다. They were run along the river.

→ _____

D 괄호 안의 표현을 활용해서 우리말을 영작하세요.

1 우리는 버스를 기다리던 중이었다. (wait for a bus)

→ _____

2 그는 컴퓨터 게임을 하는 중이었니? (play a computer game)

→ _____

E 그림을 보고, 괄호 안에 주어진 동사를 과거 진행형으로 바꾸어 각 번호의 빈칸에 쓰세요.

I went to a park yesterday. I saw my friends there! Jihyo
1 (**fly**) a kite. Rob 2 (**walk**) his dog. Josh 3 (**hold**) balloons
in his hand. Heidi and Andy 4 (**ride**) their skateboards.
They saw me and said hi to me.

*walk: 산책시키다

1 _____   2 _____

3 _____   4 _____

CHAPTER REVIEW

01 다음 문장을 올바르게 영작한 것을 고르세요. 2점

> 지민(Jimin)이와 수호(Suho)는 작년에 같은 반이었다.

① Jimin and Suho ared in the same class last year.

② Jimin and Suho was in the same class last year.

③ Jimin and Suho were in the same class last year.

④ Jimin and Suho did are in the same class last year.

⑤ Jimin and Suho did were in the same class last year.

02 다음 질문에 대한 대답으로 알맞은 것은? 2점

> Where were you?

① I was in the living room.

② I were in the living room.

③ You were in the living room.

④ You weren't in the living room.

⑤ I am in the living room.

03 다음 중 동사의 원형과 과거형이 잘못 짝지어진 것은? 2점

① have – had

② go – went

③ cut – cutted

④ come – came

⑤ make – made

04 다음 중 어법상 올바른 문장을 모두 고르세요. 2점

① I haved pancake for breakfast.

② The boy went home early.

③ The children plaied soccer.

④ My family eated fried chicken for dinner.

⑤ My grandfather read the newspaper this morning.

05 다음 과거 의문문 중 어법상 어색한 것을 모두 고르세요. 3점

① Does he baked a cake for her birthday?

② Did they hear the news?

③ Did Jane finish her homework?

④ Did they came to the party?

⑤ Did you make a mistake on the exam?

06 다음 대화 중 자연스럽지 않은 것을 고르세요. 2점

① A: Were you sitting on the sofa?
B: Yes, we were. We were watching TV.

② A: Was she angry?
B: No, she wasn't. She looked calm.

③ A: Were they playing outside?
B: No, they weren't. They were playing outside.

④ A: Was the movie interesting?
B: Yes, it was. It was very exciting.

⑤ A: Were the students quiet during the class?
B: No, they weren't. They were noisy.

*calm: 차분한, 침착한

07 다음 중 어법상 올바른 문장의 개수는? 3점

> ⓐ They are having fun on the playground yesterday.
> ⓑ Jessica were taking a shower this morning.
> ⓒ Henry was watching TV last night.
> ⓓ We were reading books in the library.

① 0개　　　　　② 1개
③ 2개　　　　　④ 3개
⑤ 4개

08 문장을 괄호 안의 지시대로 바꾼 것 중 잘못된 것은? 3점

① My son was playing computer games.
　(부정문으로)
　→ My son wasn't playing computer games.

② They looked at the board.
　(과거 진행형으로)
　→ They were looking at the board.

③ Eva doesn't want his advice.
　(과거형으로)
　→ Eva didn't wanted his advice.

④ Did they practice hard every day?
　(평서문으로)
　→ They practiced hard every day.

⑤ He ate cereal for breakfast.
　(과거 진행형으로)
　→ He was eating cereal for breakfast.

[09~10] 빈칸에 들어갈 말이 다른 하나를 고르세요.
　각 2점

09 ① _____ you call me last night?
② _____ you have a pen now?
③ _____ you meet Maria last week?
④ _____ they visit their grandparents last weekend?
⑤ _____ she walk her dog yesterday?

10 ① _____ you riding your bike yesterday?
② _____ your father cooking this morning?
③ _____ Alberto studying last night?
④ _____ Mr. Kemp fishing on the lake last weekend?
⑤ _____ your dog sleeping last night?

11 괄호 안에서 어법상 올바른 것을 고르세요.
　각 2점

(1) Allison (was / were) watching a movie.

(2) David and Anna (was / were) having a good time.

(3) Did you (had / have) dinner?

(4) Did you (sing / sang) "Let It Go" on the stage?

주관식 서술형

12 긍정문은 부정문으로, 부정문은 긍정문으로 바꾸어 쓰세요. 각 3점

(1)
> The party was not very fun.

→ _____

(2)
> The lions were sleeping on the rocks.

→ _____

13 우리말에 맞게 주어진 동사를 활용하여 대화를 완성하세요. 5점

> A: 너는 어버이날에 부모님께 꽃을 드렸니?
> B: 아니. 나는 그분들께 감사 편지를 드렸어.
> • give

→ A: _____ _____ _____ your parents flowers on Parents' Day?

B: _____, _____. I _____ them a thank-you letter.

14 다음은 앨리슨(Allison)이 스페인 바르셀로나에서 한 일을 기록한 것이다. 밑줄 친 부분 중 어법상 <u>잘못된</u> 것을 <u>4개</u> 찾아 바르게 고치세요. 각 2점

Allison <u>visited</u> Barcelona, Spain last week. She <u>goed</u> on a city tour.
She <u>saw</u> many buildings in the city. The buildings <u>was</u> beautiful.
She <u>eated</u> at famous restaurants. The food was amazing. She
really <u>enjoied</u> her trip.

(1) _____ → _____   (2) _____ → _____

(3) _____ → _____   (4) _____ → _____

과거 개념 정리

• 정답 208쪽 •

01 be동사의 과거형은 두 가지가 있다. 주어가 I, he, she, it 또는
단수 명사일 때는 [   ]를 쓰고, 주어가 you, we, they 또는
복수 명사일 때는 [   ]를 쓴다.

02 be동사 과거 부정문을 만들려면 be동사 [ ]에 not을 쓴다.
was not은 줄여서 [   ]'[ ]로 쓰고, were not은
줄여서 [   ]'[ ]로 쓴다. be동사 과거 의문문을
만들려면 [ ]와 be[ ]의 위치를 바꾼다.

03 일반동사의 과거형은 기본적으로 동사원형에 −[   ]를 붙인다.
e로 끝나는 동사는 −[ ]만 붙인다. '자음+y'로 끝나는 동사는 y를
[ ]로 바꾸고 −[   ]를 붙인다. '단모음+단자음'으로 끝나는
동사는 [   ]을 한 번 더 쓰고 −[   ]를 붙인다.

04 이런 규칙을 따르지 않는 동사를 [   ] 동사라고 한다.
(예: go → [   ], eat → [   ])

05 일반동사 과거 부정문은 동사 앞에 did not(= [   ]'[ ])
을 쓴다. 의문문은 문장 맨 앞에 [   ]를 쓴다. 부정문과 의문
문 모두, 뒤에 나오는 동사는 [   ]으로 써야 한다.

06 과거 [   ]은 과거 어떤 시점에 진행 중이었던 일을 말할 때
쓴다. 형태는 'be동사의 [   ]형+동사−[   ]'이다.

Chapter 3

미래

will
+동사원형

계획되지 않은
미래. 즉흥적 결정

막연한 예측

약속, 제안

I will be...

미래

다가올 일에 대해 말할 때

be going to
+동사원형

현재 진행형

계획된 미래

근거 있는 예측

(미래를 나타내는 부사 표현과 함께) 확실히 정해진 가까운 미래

I'm going to wear this.

I'm going on a date tonight.

UNIT 15 will (1)

① 조동사 will

I will exercise every day.

1 아직 일어나지 않은 미래를 표현할 때 조동사 will을 사용해요.

★ 조동사에 대해서는 Chapter 4에서 더 자세히 배워요.

2 will은 '~할 것이다', '~일 것이다'라는 뜻이에요. will 뒤에는 반드시 동사원형을 써야 해요. 주어가 3인칭 단수여도 마찬가지예요. 또한 will 자체도 주어에 따라 변하지 않고 항상 will로 써요.

I exercise every day. 나는 매일 운동한다. (현재)

I will exercise every day. 나는 매일 운동할 것이다. (미래)

Ⓧ She will ~~exercises~~.　　　Ⓧ She ~~wills~~ exercise.

주의! will 뒤에 be동사가 올 때는 원형 'be'로 써요.

I will be back. 나는 돌아올 것이다.

A 문장의 시제가 현재 인지 과거 인지 미래 인지 표시하세요.

1 My grandfather was an English teacher.　　　현재　과거　미래

2 Dad will give me a bike for my birthday.　　　현재　과거　미래

3 Matthew likes Korean food.　　　현재　과거　미래

4 I will do my homework after dinner.　　　현재　과거　미래

5 Jane made a sandwich for us.　　　현재　과거　미래

B 'will'을 사용해서 주어진 문장을 미래를 나타내는 문장으로 바꾸세요.

1 I cook dinner.

→ I ＿＿＿＿＿＿＿＿＿＿＿＿＿＿＿ dinner.

2 We played soccer on the playground.

→ We ＿＿＿＿＿＿＿＿＿＿＿＿＿＿＿ soccer on the playground.

3 He studies math every day.

→ He ＿＿＿＿＿＿＿＿＿＿＿＿＿＿＿ math every day.

❷ will의 줄임말과 부정문

1 대명사가 주어일 때, 주어와 will을 다음과 같이 줄여 쓸 수 있어요.

I will → I'll	You will → You'll	
He will → He'll	She will → She'll	It will → It'll
We will → We'll	They will → They'll	

2 미래에 '~하지 않을 것이다', '~이지 않을 것이다'라고 부정문으로 말할 때는 will 뒤에 not을 붙입니다. (not의 위치 꼭 지키기!) will not 은 won't로 줄여 쓸 수 있어요.

She will not come back. 그 여자는 돌아오지 않을 것이다.
= She won't come back.

She will not come back.

C 그림을 보고, 둘 중에서 알맞은 것을 골라 문장을 완성하세요.

1 ⊗

She **will / will not** read a book.

2  ✓

We'll / We won't play badminton.

3  ✓

I'll / I'm eat dinner.

4  ⊗

He **won't / will** study tonight.

D 문장에서 잘못된 부분을 찾아 동그라미 하고, 바르게 고쳐 빈칸에 쓰세요.

1 You will is a good actor. 너는 좋은 배우가 될 거야. → _____

2 He won't not go outside. 그는 밖에 나가지 않을 것이다. → _____

UNIT 16 will (2)

① will 의문문

Will you marry me?

1 will 의문문 만드는 법은 아주 간단해요. 주어와 will의 위치를 바꾸면 돼요. → 주어—will 크로스! 나머지 부분은 그대로 두세요.

You will eat a hamburger. 너는 햄버거를 먹을 것이다.

Will you eat a hamburger? 너는 햄버거를 먹을 거니?

2 will 의문문의 해석은 '~할/일 거니?'로 합니다. Will you ~?는 '~해 주겠니?' 하는 부탁이나 요청의 의미를 나타낼 수도 있어요. 이때 문장 끝에 please를 붙이면 더 간절하거나 예의 바른 표현이 돼요.

Will you play basketball later? 너 이따 농구 할 거니?

Will you marry me? 나와 결혼해 주겠어요?

Will you marry me, please? 제발 나와 결혼해 주겠어요?

A 문장을 의문문으로 알맞게 고쳐 보세요.

1
You will go to the zoo.

→ _____ _____ _____ to the zoo?

2
He will read a book.

→ _____ _____ _____ a book?

3
She will buy a skirt.

→ _____ _____ _____ a skirt?

B 문장을 우리말로 알맞게 해석하세요.

1 Will Kate make a sandwich? → _____

2 Will you open the window, please? → _____

② 대답

will 의문문에 대한 대답은 긍정 또는 부정으로 합니다. 긍정일 때는 'Yes, 주어+will.'로, 부정일 때는 'No, 주어+won't.'로 답해요.

Will Jamie go to the ski camp? 제이미가 스키 캠프에 갈 건가?

– **Yes, he will.** 응, 갈 거야. / **No, he won't.** 아니, 안 갈 거야.

★ 대답할 때는 will not은 거의 쓰지 않아요. 줄임말 won't를 써요.

주의! 대답할 때 주어를 잘 맞추어 써 주세요. Will you ~?로 물었으면 대답할 때는 I ~로 해야겠죠?

Will you marry me? 나와 결혼해 주겠어요?

– **Yes, I will.** 네, 그럴게요. / **No, I won't.** 아뇨.

Yes, I will.

C 빈칸을 알맞게 채워 대화를 완성하세요.

1 **A:** _____ you go to the airport?

   B: Yes, _____ will.

2 **A:** Will she buy a black car?

   B: No, _____ _____.

3 **A:** Will they play baseball after school?

   B: No, _____ _____.

D 대화에서 잘못된 부분을 찾아 동그라미 하고, 바르게 고쳐 빈칸에 쓰세요.

1 **A:** Will you be my friend? 너는 내 친구가 될 거니?   → _____

   B: Yes, you will. 응, 그럴 거야.

2 **A:** Will he cook for us? 그는 우리를 위해 요리할 거니?   → _____

   B: No, he will. 아니, 그러지 않을 거야.

UNIT 17 · be going to (1)

❶ be going to 긍정문

We are going to play basketball.

미래를 표현할 때 be going to를 사용할 수도 있어요. be going to는 '~할 것이다', '~할 예정이다', '~하려고 한다'라는 뜻이에요. will과 마찬가지로 be going to 뒤에도 동사원형을 써야 합니다.

We are going to <u>play</u> basketball. 우리는 농구를 할 것이다.

I am going to <u>be</u> at home tomorrow. 나는 내일 집에 있을 예정이다.

주의! be going to에서 'be'는 be동사의 현재형을 말해요. 주어에 맞게 am, are, is 중 하나로 써야지 그냥 'be'라고 쓰면 안 돼요!

I am going to watch a movie tonight.
나는 오늘 저녁에 영화를 볼 예정이다.

Ⓧ I ~~be~~ going to watch a movie tonight.

A be동사의 알맞은 형태를 고른 다음, 문장을 우리말로 해석하세요.

1

He **am** / **is** going to fix the TV.

→ _____

2

I **am** / **be** going to wash the dishes.

→ _____

B 우리말과 일치하도록 빈칸에 알맞은 표현을 쓰세요. (주어진 동사를 활용할 것)

1 그는 침실을 청소하려고 한다. (clean)

→ He _____ _____ _____ _____ the bedroom.

2 나는 오늘 그 일을 끝내려고 한다. (finish)

→ I _____ _____ _____ _____ the work today.

3 신디는 영화를 볼 예정이다. (watch)

→ Cindy _____ _____ _____ _____ a movie.

공부한 날	월	일	부모님 확인

❷ be going to 부정문, will과 비교

1 be going to의 부정문은 be동사 뒤에 not을 써요. be동사 부정문과 진행형 부정문에서 not의 위치가 be동사 뒤인 것과 같아요. '~하지 않을 것이다', '~하지 않을 예정이다'라는 뜻이에요.

I'm not going to study tomorrow.
나는 내일 공부하지 않을 것이다.

I'm not going to study tomorrow.

2 will과 be going to는 비슷한 뜻이지만 다음과 같은 차이가 있어요.

will	be going to
• 미래에 대한 막연한 예측	• 미래에 대한 근거 있는 예측
• 즉흥적 결정, 약속, 제안	• 미리 예정되거나 계획한 일

C 주어진 문장을 부정문으로 알맞게 고쳐 쓰세요.

1
We are going to take a train.

→ _____ a train.

2
She is going to live in America.

→ _____ in America.

3
I am going to get up early tomorrow.

→ _____ early tomorrow.

D 문장에서 잘못된 부분을 찾아 문장을 바르게 고쳐 쓰세요.

1 They are not going learn Korean. → _____

2 I be going to be late for school. → _____

UNIT 18 be going to (2), 현재 진행형

① be going to 의문문과 대답

Are you going to eat the cake?

1 be going to 의문문 만드는 법은 주어와 be동사의 위치를 바꾸면 돼요. → 주어―be동사 크로스! 해석은 '~할 거니?', '~할 예정이니?' 로 합니다.

You are going to eat the cake. 너는 그 케이크를 먹을 것이다.

Are you going to eat the cake? 너는 그 케이크를 먹을 거니?

2 be going to 의문문에 대한 대답은, 긍정이면 'Yes, 주어+be동사.' 로, 부정이면 'No, 주어+be동사+not.'으로 합니다.

Are you going to read the book? 너는 그 책을 읽을 예정이니?

– **Yes, I am.** 응, 그래. / **No, I'm not.** 아니야.

A 둘 중에서 알맞은 것을 골라 대화를 완성하세요.

1

A: **Am / Are** they going to cross the road?
B: Yes, they **will / are**.

2

A: **Is / Be** she going to learn boxing?
B: No, she **isn't / won't**. She's going to learn taekwondo.

B 의문문과 대답을 알맞게 연결해 대화를 완성하세요.

1 Are you going to visit the museum? •

2 Is she going to take the test? •

3 Are they going to go to the beach? •

• **a** No, they aren't.

• **b** No, she isn't.

• **c** Yes, I am.

❷ 현재 진행형으로 미래 나타내기

1 　현재 진행형은 지금 일어나고 있는 일을 나타내죠. 그런데 현재 진행형으로 가까운 미래를 나타낼 수도 있답니다. 예를 들어, 표를 예매해 놓은 상황처럼 확실히 예정된 일, 미리 계획된 일에 대해 말할 때 현재 진행형을 써요. 해석은 '~할 것이다' 또는 '~한다'로 하면 됩니다.

I'm meeting Alma later.
나는 이따 앨마를 만날 것이다. (만나기로 약속함)

She is going on a trip tomorrow.
그 여자는 내일 여행을 간다. (가기로 정해짐)

2 　현재 진행형이 지금 진행 중인 일을 나타내는지 가까운 미래를 나타내는지는 문맥에 따라 판단해요. 보통 뒤에 tomorrow처럼 미래를 나타내는 시간 표현이 나오면 미래를 나타내는 것임을 알 수 있어요.

She is going on a trip tomorrow.

C 　다음 문장을 현재 진행형으로 바꾸어 표현한 문장을 완성하세요.

1 　I am going to leave at 5. 나는 5시에 떠날 거야.

→ I _____ _____ at 5.

2 　He is going to go to Canada tomorrow. 그는 내일 캐나다로 갈 것이다.

→ He _____ _____ to Canada tomorrow.

3 　We are going to have a party this Saturday. 우리는 이번 토요일에 파티를 열 거야.

→ We _____ _____ a party this Saturday.

D 　우리말과 일치하도록, 주어진 단어들을 활용해서 현재 진행형 문장으로 쓰세요.

1 　스티브(Steve)는 오늘 밤에 집에 있을 거야. (stay home, tonight)

→ _____

2 　우리는 다음 주에 조부모님을 방문할 거야. (grandparents, next week)

→ _____

MINI REVIEW Units 15-18

A 밑줄 친 부분을 괄호 안의 지시에 맞게 바꾸어 미래를 나타내는 문장으로 쓰세요.

1 She exercises.

→ (will 사용)　　　　She ＿＿＿＿＿＿＿＿＿＿ every day.

→ (be going to 사용) She ＿＿＿＿＿＿＿＿＿＿ after school.

2 Milly visits Mike.

→ (be going to 사용) Milly ＿＿＿＿＿＿＿＿＿＿ on Sunday.

→ (현재 진행형으로)　Milly ＿＿＿＿＿＿＿＿＿＿ tomorrow.

B 빈칸을 알맞게 채워 미래에 대한 대화를 완성하세요.

1
A: Will ＿＿＿＿＿＿ learn Spanish?

B: Yes, I ＿＿＿＿＿＿.

2
A: ＿＿＿＿＿＿ he ＿＿＿＿＿＿ to go fishing?

B: Yes, ＿＿＿＿＿＿ ＿＿＿＿＿＿.

3
A: ＿＿＿＿＿＿ ＿＿＿＿＿＿ play tennis after school?

B: No, they ＿＿＿＿＿＿. They ＿＿＿＿＿＿ play basketball.

4
A: ＿＿＿＿＿＿ you ＿＿＿＿＿＿ to go to bed early tonight?

B: No, ＿＿＿＿＿＿.

5
A: ＿＿＿＿＿＿ Becky ＿＿＿＿＿＿ ＿＿＿＿＿＿ clean the house?

B: No, she ＿＿＿＿＿＿.

C 밑줄 친 부분을 바르게 고쳐 문장을 다시 쓰세요.

1 I not will leave you alone. 나는 너를 혼자 내버려 두지 않을 거야.

→ _____

2 They're go to the amusement park tomorrow. 그들은 내일 놀이공원에 갈 것이다.

→ _____

3 She'll finishes her homework first. 그 애는 먼저 숙제를 끝낼 것이다.

→ _____

D 괄호 안의 지시에 따라 문장을 알맞은 형태로 바꾸어 쓰세요.

1 You will help me.   → (의문문) _____

2 We're not going to win the race. → (긍정문) _____

3 He will buy a phone for his son. → (부정문) _____

E 도준(Dojun)의 주말 일정표를 보고, 질문에 알맞게 답을 완성하세요.

SATURDAY	SUNDAY
visit Grandpa	study math
	play soccer with friends

1 Is Dojun going to visit his grandfather on Saturday?

→ _____ , _____ .

2 Is Dojun going to study history on Sunday?

→ _____ , _____ . He is going to _____ .

3 Is Dojun going to play baseball on Sunday?

→ _____ , _____ . He is going to _____ .

01 다음 두 문장이 비슷한 의미가 되도록 할 때 빈칸에 알맞은 것은? 2점

> He will visit Thailand soon.
> = He _____ Thailand soon.

① visited
② won't visit
③ be going to visit
④ is going to visit
⑤ was going to visit

02 다음 중 어법상 어색한 문장을 고르세요. 2점

① They will not visit us this summer.
② I will study hard from now on.
③ My friends will be here soon.
④ Lucy won't take a shower tonight.
⑤ Emily will plays the piano after school.

03 다음 문장을 지시대로 바꾼 것 중 잘못된 것을 고르세요. 2점

① The boy will stay with us. (부정문으로)
  → The boy will not stay with us.
② They won't go to the museum. (긍정문으로)
  → They will go to the museum.
③ Sally is going to study science tomorrow. (will 사용)
  → Sally will going to study science tomorrow.
④ We will travel to England this summer. (be going to 사용)
  → We are going to travel to England this summer.
⑤ We will be in the same class next year. (의문문으로)
  → Will we be in the same class next year?

04 다음 중 어법상 올바른 문장을 모두 고르세요. 3점

① My sister are going to wash the dishes.
② He is going to is here in five minutes.
③ I'm going to meet my friends this afternoon.
④ She is going to rest this weekend.
⑤ Helen and Tom are not go to watch TV tonight.

*rest: 쉬다

05 다음 대화 중 어법상 어색한 것을 고르세요. 2점

① A: Will you come to my birthday party?
  B: Yes, I will.
② A: Are you going to eat this pizza?
  B: No, I'm not.
③ A: Will David ask me out?
  B: Yes, he will.
④ A: Are we going to get rain today?
  B: Yes, we are.
⑤ A: Are you going to read this book?
  B: No, I won't.

*ask ~ out: ~에게 데이트 신청하다

06 다음 우리말을 영어로 옮긴 것으로 가장 알맞은 것은? 2점

> 나는 오늘 오후에 머리를 자를 예정이다.

① I going to get a haircut this afternoon.
② I will going to get a haircut this afternoon.
③ I'm getting a haircut this afternoon.
④ I got a haircut this afternoon.
⑤ I was getting a haircut this afternoon.

07 다음 밑줄 친 부분 중 어법상 올바른 것은? 2점

① Mary will enjoys the music festival.

② We are going to studying at the library.

③ Lisa will doesn't eat lunch today.

④ Will you play tennis this Sunday?

⑤ They will going to Gangneung this weekend.

08 다음 우리말과 영어 문장의 뜻이 같도록 할 때 빈칸에 알맞은 것은? 2점

> 이제부터 앨리슨(Allison)은 매일 자전거를 탈 것이다.
> = From now on, Allison _____ every day.

① rides her bike

② rode her bike

③ wills ride her bike

④ will ride her bike

⑤ will rides her bike

09 다음 대화의 빈칸에 알맞은 것은? 2점

> A: Will students walk to school in the future?
> B: _____. They will fly to school.

① Yes, they do　　② No, they don't

③ No, they will　　④ No, they won't

⑤ Yes, they are

10 다음 중 어법상 어색한 문장을 모두 고르세요. 3점

① We are going to stay at home tomorrow.

② He is going to arrives late tonight.

③ Amy and I am going to eat pizza.

④ They are going to learn French.

⑤ My mom will exercise at the gym.

[11~12] 대화에서 밑줄 친 문장을 어법에 맞게 고친 것을 고르세요. 각 2점

11

> A: What time will the soccer game begin?
> B: It will begins at 8:30.

① It will begin at 8:30.

② It wills begin at 8:30.

③ It is going to begins at 8:30.

④ It be going to begin at 8:30.

⑤ It will beginning at 8:30.

12

> A: Are you going to go shopping this weekend?
> B: Yes, I am. I'm going buy new shoes.

① I going to buy new shoes.

② I'm going to buy new shoes.

③ I be going to buy new shoes.

④ I will going to buy new shoes.

⑤ I will going buy new shoes.

주관식 서술형

13 우리말에 맞게 괄호 안의 단어들을 배열하세요. 각 4점

(1) | 나는 장래에 조종사가 될 것이다. (will / a pilot / in the future / I / be) |

→ _____

(2) | 우리는 내년에 대전으로 이사할 예정이다. (are / move / we / to Daejeon / next year / going to) |

→ _____

14 아래 상자에 있는 단어를 대화의 빈칸 중 알맞은 곳에 쓰세요. (중복 사용 가능) 각 2점

| ride | stay | travel | do |

A: What are you going to (1) _____ during summer vacation?

B: I'm going to (2) _____ to Jeju-do with my family.

A: How long are you going to stay there?

B: We are going to (3) _____ for four days.

A: What are you going to (4) _____?

B: Many things! But most of all, I'm going to (5) _____ a horse! I'm so excited.

A: That's cool.

*most of all: 무엇보다도

15 주어진 조건에 따라 우리말 문장을 영작하세요. 6점

나는 내일 혜민(Hyemin)이와 배드민턴을 칠 것이다.

- **조건 1** 현재 진행형으로 쓸 것
- **조건 2** 7단어로 쓸 것

→ _____

01 아직 일어나지 않은 ⬜⬜⬜ 를 나타내는 방법은 세 가지가 있다.
조동사 ⬜⬜⬜⬜ 을 쓰는 방법, be ⬜⬜⬜⬜⬜ to를
사용하는 방법, 현재 ⬜⬜ 형으로 나타내는 방법이다.

02 조동사 will은 '~할/일 ⬜⬜⬜'라는 뜻이다. will 뒤에는
반드시 ⬜⬜⬜⬜ 을 써야 한다.

03 will 부정문의 형태는 'will+ ⬜⬜⬜ + ⬜⬜⬜⬜'이다.
이때 will not은 ⬜⬜⬜' 로 줄여 쓸 수 있다.

04 will 의문문은 주어와 ⬜⬜⬜⬜ 의 위치를 바꾸면 된다.
대답은 긍정이면 'Yes, 주어+ ⬜⬜⬜⬜⬜.'로, 부정이면
'No, 주어+ ⬜⬜⬜' .'로 한다.

05 be going to는 '~할 것이다', '~할 ⬜⬜ 이다' 또는 '~하려고 한다'
라는 뜻이다. 이때 'be'는 be동사의 ⬜⬜ 형을 주어에 맞게 쓴다.

06 be going to의 부정문은 be동사 ⬜ 에 not을 쓴다. 의문문은
주어와 be ⬜⬜ 의 위치를 바꾼다. 대답은 긍정이면 'Yes, 주어+
be동사.'로, 부정이면 'No, 주어+be동사+ ⬜⬜⬜.'으로 한다.

07 현재 ⬜⬜⬜ 으로 가까운 미래를 나타낼 수 있다. 약속이나
예약 등 확실히 정해진 상황에 사용한다.

Chapter 4

조동사

will

미래(~할 것이다)

*Chapter 3에서 배웠어요!

may

추측(~할지도 모른다)

허락(~해도 된다)

40%
60%
60%
60%

We may get snow tomorrow.

I must run!

must

의무(~해야 한다)

추측(틀림없이 ~일 것이다)

조동사

have to

의무(~해야 한다)

can

허락(~해도 된다)

능력(~할 수 있다)

I can ski!

UNIT 19 조동사 개념, can (1)

① 조동사 개념

I can swim.

1 조동사의 '조(助)'는 '돕다'라는 뜻이에요. 즉, 조동사는 동사의 일부가 되어 동사를 돕는 조력자예요. be동사나 일반동사에 의미를 더해 주는 역할을 해요. 조동사에는 다음과 같은 것들이 있어요.

> **will** ~할 것이다   **can** ~할 수 있다   **may** ~할지도 모른다
> **must** ~해야 한다   **have to** ~해야 한다

I swim. 나는 수영한다.   I can swim. 나는 수영할 수 있다.
→ can이 '~할 수 있다'라는 의미를 더해 줌

2 조동사는 ① 주어에 따라 형태가 변하지 않아요. ② 조동사 뒤에는 항상 동사원형이 와요. 3인칭 단수라고 -s를 붙이면 안 돼요!

A 우리말과 일치하도록 아래 상자에서 빈칸에 알맞은 조동사를 골라 쓰세요. (중복 사용 가능)

> will   can   may   must

1 나는 기타를 칠 수 있다.   → I _____ play the guitar.
2 그 여자는 내일 광주로 갈 것이다.   → She _____ go to Gwangju tomorrow.
3 예지(Yeji)는 노래를 잘할 수 있다. → Yeji _____ sing well.
4 그는 늦을지도 모른다.   → He _____ be late.
5 찬(Chan)이는 숙제를 해야 한다.   → Chan _____ do his homework.

B 주어진 조동사를 넣어서 문장을 다시 써 보세요.

1 Peter plays baseball. (can)   → _____Peter can play baseball._____

2 The students are quiet. (must)   → _____

3 Janice wins the race. (may)   → _____

4 I open the window. (will)   → _____

❷ can 긍정문

1 조동사 can은 두 가지 뜻으로 쓰여요.

① '~할 수 있다' (능력)

I can run very fast. 나는 아주 빨리 달릴 수 있다.

② '~해도 된다' (허락)

You can use mine. 너는 내 걸 써도 돼.

2 앞에서 배웠듯이 can은 주어에 따라 형태가 변하지 않아요. 그리고 can 뒤에는 동사원형이 와야 해요.

He <u>can</u> <u>drive</u>. 그는 운전할 수 있다.
　　can + 동사원형

Ⓧ He ~~cans~~ drive. 　　Ⓧ He can ~~drives~~.

You can use mine.

C 다음 문장에서 밑줄 친 can이 어떤 의미로 쓰였는지 고르세요.

1 She <u>can</u> swim well. 　　능력 허락

2 You <u>can</u> go home early. 　　능력 허락

3 Students <u>can</u> go to the bathroom during class. 　　능력 허락

4 My aunt <u>can</u> speak Chinese. 　　능력 허락

D 잘못된 부분을 바르게 고쳐 문장을 다시 쓰세요. 틀린 부분이 없으면 'OK'라고 쓰세요.

1 Tony cans sing K-pop songs. 토니는 케이팝 노래를 부를 수 있다.

→ _____

2 The girls can dance well. 그 여자애들은 춤을 잘 출 수 있다.

→ _____

3 You can using my eraser. 내 지우개를 써도 돼.

→ _____

UNIT 20 can (2)

① can 부정문

你好

He can't speak Chinese.

1 조동사는 뒤에 not을 붙여서 부정문을 만들어요. can의 부정문은 can 뒤에 not을 붙여서 cannot으로 쓰고, '~할 수 없다'라고 해석해요. 능력이 없음을 말하거나 금지할 때 쓰여요.

He cannot speak Chinese. 그는 중국어를 말할 수 없다. (능력 없음)

You cannot swim here. 너는 여기서 수영할 수 없다. (금지)

주의! can not으로 띄어서는 쓸 수 없어요.

ⓧ He ~~can not~~ speak Chinese.

2 cannot은 줄여서 can't로 쓸 수 있어요.

He can't speak Chinese.　　**You can't swim here.**

A 그림을 보고, 둘 중에서 알맞은 것을 고르세요.

1

She **can / can't** swim.

2

Penguins **can not / cannot** fly.

3

You **can / can't** skateboard here.

4

She **can / can't** cook well.

B 우리말에 맞게 둘 중에서 알맞은 것을 고르세요.

1 나는 그 문제를 풀 수 없어.　　→ I **can / can't** solve the problem.

2 여기서 사진을 찍을 수 없습니다.　　→ You **can / cannot** take pictures here.

❷ can 의문문

1 can의 의문문 만드는 법은 will과 똑같아요. 주어와 can의 위치만 바꿔
주면 돼요. 주어—can 크로스! 해석은 '~할 수 있니?'라고 해요.

<u>Joe can</u> eat a box of pizza. 조는 피자 한 판을 먹을 수 있다.

<u>Can Joe</u> eat a box of pizza? 조는 피자 한 판을 먹을 수 있니?

2 Can I ~?나 Can you ~?는 부탁하거나 허락을 구할 때 자주 써요.
can 의문문에 대한 대답은 긍정이면 'Yes, 주어+can.'으로, 부정이면
'No, 주어+cannot[can't].'으로 해요.

Can I have a burger? 햄버거 먹어도 돼요? – No, you can't. 아니.

Can you help me? 너 나 도와줄 수 있니? – Yes, I can. 응, 그래.

Can I have a burger?

C 다음 문장을 의문문으로 바꾸어 쓰세요.

1 You can sing songs in English. ➡ _____

2 She can play tennis. ➡ _____

D 표지판에 맞게 질문에 대한 답을 고르세요.

1 Can I bring my pet here?

☐ Yes, you can.
☐ No, you can't.

2 Can I ride my bike here?

☐ Yes, you can.
☐ No, you can't.

3 Can I use my phone?

☐ Yes, you can.
☐ No, you can't.

4 Can I take pictures?

☐ Yes, you can.
☐ No, you can't.

UNIT 21 may

❶ may 긍정문과 부정문

We may get rain today.

1 조동사 may는 두 가지 뜻으로 쓰여요. 조동사이므로 뒤에 동사원형이 와요.
① '~할지도 모른다', '~할 수도 있다' (추측)
We may get rain today. 오늘 비가 올지도 모른다.
② '~해도 된다' (허락)
You may go home now. 너는 지금 집에 가도 된다.

2 may의 부정문은 뒤에 not을 붙여서 may not으로 써요. '~하지 않을지도 모른다' 또는 '~하면 안 된다'라는 뜻이에요.
★ may not은 줄임말이 없어요.
We may not get rain today. 오늘 비가 안 올지도 모른다.
You may not go home now. 너는 지금 집에 가면 안 된다.

A 그림을 보고, 둘 중에서 알맞은 것을 고르세요.

1

We **must / may** get snow.

2

He **may / can't** fall.

B 두 문장이 자연스럽게 이어지도록 둘 중에서 알맞은 것을 고르세요.

1 Take an umbrella with you. We **may / may not** get rain today.

2 Do your homework first. After that, you **may / may not** watch TV.

3 Don't buy that cap. Your mom **may / may not** like it.

4 Let's not watch that movie. It **may / may not** be interesting.

5 It's cold outside. You **may / may not** go out without a jacket.

② may 의문문

1 may의 의문문도 주어와 may의 위치만 바꾸면 돼요. 주어—may 크로스! 해석은 '~할 수도 있을까?' 또는 '~해도 돼?'로 해요.

Sally may know the secret. 샐리는 비밀을 알고 있을 수도 있다.

May Sally know the secret? 샐리가 비밀을 알고 있을 수도 있을까?

2 may 의문문은 주로 May I ~?의 형태로 허락을 구할 때 써요. 대답은 긍정이면 'Yes, 주어+may.'로, 부정이면 'No, 주어+may not.'으로 해요.

May I help you? 제가 도와드릴까요? – **Yes, you may.** 네, 그러셔도 돼.

May I go home? 저 집에 가도 되나요? – **No, you may not.** 아니, 안 돼.

May I help you?

C 그림에 나타난 상황에서 할 말로 알맞은 것을 연결하세요.

1

2

3

May I ask a question?   May I eat these?   May I sit here?

D 밑줄 친 부분을 바르게 고치세요.

1 Sam may <u>scores</u> a goal.   → _____

2 You <u>mayn't</u> leave your bike here.   → _____

3 She <u>may answer not</u> your question.   → _____

4 <u>I may</u> open the window?   → _____

A 밑줄 친 조동사의 의미를 괄호 안에서 고르세요.

1

He <u>can</u> play basketball well. (능력 / 허락)

2

She <u>can't</u> sing well. (능력 없음 / 금지)

3

You <u>may</u> ride your bike. (추측 / 허락)

4

The balloon <u>may</u> burst. (추측 / 허락)

B 보기 와 같이 주어진 문장을 괄호 안의 지시대로 바꾸어 쓰세요.

> 보기　　Jimin can speak Japanese. (의문문) → Can Jimin speak Japanese?

1 I can play computer games. (의문문)

→ _____

2 She may be a math teacher. (부정문)

→ _____

3 You may come in now. (부정문)

→ _____

4 Robert can't understand German. (긍정문)

→ _____

5 Can she jump rope for 30 minutes? (평서문)　　　*jump rope: 줄넘기하다

→ _____

C 문장에서 잘못된 부분을 찾아 문장을 바르게 고쳐 쓰세요.

1 He may is American. 그는 미국인일지도 모른다.

→ _____

2 I can not help you right now. 지금 당장은 너를 도와줄 수 없어.

→ _____

3 Yunjun cans plays the drums. 윤준이는 드럼을 연주할 수 있다.

→ _____

D 단어의 순서를 맞춰 문장을 만들어 보세요.

1 Can | call | later | I | you | ? 내가 너에게 나중에 전화해도 되니?

→ _____

2 I | have | now | dinner | . | can't 나는 지금 저녁을 먹을 수 없어.

→ _____

3 may | your friends | You | bring | to the party. 너는 그 파티에 친구들을 데려와도 돼.

→ _____

E 빈칸에 들어갈 알맞은 표현을 아래 상자에서 골라 써서 대화를 완성하세요. (안 쓰이는 것도 있음)

cannot	Can you	I can't	May I	can

NO PHOTOS

A: Excuse me.

B: Yes, sir. ¹_____ help you?

A: Yes, please. ²_____ see the sign well.

B: It says, "You ³_____ take photos in here."

A: I see. Thank you.

UNIT 22 must

❶ must 긍정문

You must stop at a red light.

1. 조동사 must의 기본 뜻은 '~해야 한다'로, 의무를 나타내요. 교통 법규를 지키거나 안전벨트를 매는 것처럼 반드시 해야 하는 일을 말할 때 써요. 조동사이므로 뒤에는 동사원형이 와요.
   You must stop at a red light. 너는 빨간 불에 멈춰야 한다.
   You must wear your seatbelt. 너는 안전벨트를 매야 한다.

2. must가 be와 함께 쓰여서 '틀림없이 ~일 것이다'라는 강한 추측의 의미를 나타낼 수 있어요.
   Kevin must be hungry. He didn't eat breakfast.
   케빈은 틀림없이 배가 고플 거야. 아침을 먹지 않았어.

A 그림을 보고, 주어진 문장을 우리말로 해석하세요.

1

You must clean your room.

→ _____

2

He must be thirsty.

→ _____

B 우리말과 일치하도록 알맞은 조동사를 고르세요.

1 그는 지금 잠자리에 들어야 한다. → He **will** / **must** go to bed now.

2 그 여자는 캐나다인일지도 모른다. → She **may** / **must** be Canadian.

3 나는 오늘 이것을 끝내야 한다. → I **must** / **can** finish this today.

4 그 애는 틀림없이 그의 아들일 거야. → The kid **may** / **must** be his son.

② must 부정문과 의문문

1 must의 부정문은 must 뒤에 not을 붙여서 must not으로 써요.
mustn't로 줄여 쓸 수 있어요. '~하면 안 된다'는 금지의 의미예요.
You must not swim here. 너는 여기서 수영하면 안 된다.
= You mustn't swim here.

2 must의 의문문은 주어와 must의 위치만 바꿔 주면 돼요. 주어—must
크로스! 해석은 '~해야 하니?'라고 해요.
<u>We</u> <u>must</u> wear our uniforms. 우리는 교복을 입어야 한다.
<u>Must</u> <u>we</u> wear our uniforms? 우리는 교복을 입어야 하니?

★ 실제로 must는 의문문에 잘 쓰이지 않아요. UNIT 23에서 배울 have to를 훨씬 더 많이 써요.

**You must not
swim here.**

C 그림을 보고, 둘 중에서 알맞은 것을 고르세요.

1

You **must / mustn't** use your phone.

2

You **must / mustn't** watch your step.

3

You **must / must not** swim here.

4

You **must / mustn't** watch for animals.

D 잘못된 부분을 바르게 고쳐 문장을 다시 쓰세요.

1 You must not late for school.   →   _____

2 Must she says sorry to you?   →   _____

UNIT 23 have to

❶ have to 긍정문

You have to do your homework.

1 have to는 '~해야 한다'라는 뜻으로 **의무**를 나타내는 표현이에요.
must와 의미가 거의 같아요.
You have to do your homework. 여러분은 숙제를 해야 합니다.
= You must do your homework.
★ 하지만 have to에는 must에 있는 '틀림없이 ~일 것이다'라는 추측의 의미는 없어요.

2 have to는 특이한 조동사예요. 다른 조동사와 달리 주어가 3인칭 단수
일 때 **has to**로 변해요.
Jaemin has to do his homework. 재민이는 숙제를 해야 한다.
ⓧ Jaemin ~~have~~ to do his homework.

A 괄호 안에서 알맞은 것을 고르고, 그림에 맞는 표현을 아래 상자에서 골라 빈칸에 쓰세요.

make breakfast	clean their room	get up

1 Jay (**have to** /(**has to**)) ____get up____.

2 Mina (**have to** / **has to**) _____.

3 They (**have to** / **has to**) _____.

B 밑줄 친 부분을 바르게 고치세요.

1 He <u>have to</u> call his parents. 그는 부모님께 전화해야 한다. → _____

2 Sam and Alice <u>has to</u> run. 샘과 앨리스는 뛰어야 한다. → _____

3 Yuri <u>must to</u> go home now. 유리는 지금 집에 가야 한다. → _____

❷ have to 부정문과 의문문

1 have to의 부정문은 don't have to로 써요. 주어가 3인칭 단수이면 doesn't have to가 돼요. '~하지 않아도 된다'라는 뜻이에요.

We don't have to buy tickets. 우리는 표를 사지 않아도 된다.

He doesn't have to cook. 그는 요리하지 않아도 된다.

주의! must not과 don't have to는 뜻이 전혀 다르니 잘 구분하세요.

must not	don't/doesn't have to
'~하면 안 된다'	'~하지 않아도 된다'

2 have to 의 의문문은 'Do/Does+주어+have to ~?'의 형태로 써요.

Do I have to clean my room? 제가 방을 치워야 하나요?

We don't have to buy tickets.

C 둘 중에서 그림에 어울리는 것을 골라 빈칸에 쓰세요.

1

must not / doesn't have to

He _____ forget.

2

must not / don't have to

I _____ go to school.

D 우리말과 일치하도록 밑줄 친 부분을 바르게 고치세요.

1 제가 손을 씻어야 하나요? <u>Have to I</u> wash my hands? → _____

2 그 애는 공부하지 않아도 된다. She <u>don't have to</u> study. → _____

3 너는 서두르지 않아도 된다. You <u>must not</u> hurry. → _____

4 너는 나에게 거짓말하면 안 돼. You <u>don't have to</u> lie to me. → _____

5 그가 버스를 타야 하니? Does he <u>must</u> take a bus? → _____

UNIT 24 could, had to

1 could

My dad could lift 100 kg.

1 조동사도 과거형이 있어요. can의 과거형은 could로, '~할 수 있었다'라는 뜻이에요. 반대로, could not은 '~할 수 없었다'라는 뜻이고 couldn't로 줄여 쓸 수 있어요. 뒤에는 동사원형이 와야 해요.

My dad could lift 100 kg. 우리 아빠는 100킬로그램을 들 수 있었다.

I couldn't do my homework yesterday.
나는 어제 숙제를 할 수 없었다.

2 부탁하거나 허락을 구할 때 Can I ~?, Can you ~?를 쓴다고 배웠는데, 이때 can 대신 could를 쓰면 더 공손한 표현이 돼요.

Could I use your phone? 전화기를 좀 써도 될까요?

Could you help me? 저 좀 도와주실 수 있을까요?

A 그림을 보고, 둘 중에서 알맞은 것을 고르세요.

1

She **could / couldn't** find the answer.

2

I **could / could not** catch the ball.

3

Grandpa **could / couldn't** find the key.

4
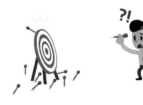

He **could / could not** hit the target.

B 다음 문장을 괄호 안의 지시대로 바꾸어 쓸 때, 빈칸에 알맞은 말을 쓰세요.

1 I can swim well.　　　→ (과거 시제로) I _____ well.

2 Can you repeat that?　→ (더 공손하게) _____ you repeat that?

❷ had to

1 조동사 must는 과거형이 없어요! 그래서 '~해야 했다'라는 표현을 하려면 must와 비슷한 have to를 이용해서 had to로 표현합니다. 재간둥이 have to, 정말 쓸모가 많죠?

I had to run. 나는 뛰어야 했다.

Ⓧ I ~~musted~~ run.　　　Ⓧ I ~~did must~~ run.

There were no taxis, so we had to walk home.
택시가 없어서 우리는 집에 걸어가야 했다.

I had to run.

2 그럼 don't have to는 과거형이 뭘까요? don't 대신 didn't를 써서 didn't have to로 써요. '~하지 않아도 되었다'라는 뜻이에요.

I didn't have to run. 나는 뛰지 않아도 되었다. (뛸 필요 없었다.)

C 그림을 보고, 둘 중에서 알맞은 것을 골라 빈칸에 써서 문장을 완성하세요.

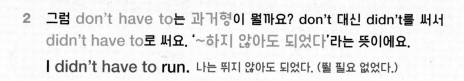

1

had to / didn't have to

He _____ take a shower.

2

had to / didn't have to

The man _____ work.

D 우리말과 일치하도록 밑줄 친 부분을 바르게 고치세요.

1 아빠가 저녁 식사를 요리하셔서 엄마는 요리하시지 않아도 되었다.

Dad cooked dinner, so Mom <u>had to not</u> cook.　→ _____

2 방학이 끝나서 우리는 다시 학교에 가야 했다.

The vacation was over, so we <u>did must</u> go back to school. → _____

3 집에 우유가 있어서 그들은 우유를 사지 않아도 되었다.

They had milk at home, so they <u>don't</u> have to buy milk.　→ _____

A 조동사의 한글 뜻을 아래 상자에서 골라 쓰세요. (중복 사용 가능)

～할 수 있었다	～할 수 없었다	～해야 한다	～하면 안 된다
～하지 않아도 된다	～해야 했다	～하지 않아도 되었다	

1 must → _____

2 must not → _____

3 have to → _____

4 don't have to → _____

5 could → _____

6 could not → _____

7 had to → _____

8 didn't have to → _____

B 그림을 보고, 둘 중에서 알맞은 것을 고르세요.

1

He **could / couldn't** get in the restaurant.

2

We **have to / must not** wait in line.　　*in line: 줄을 서서

3

He **have to / has to** lie in bed.

4

He **could not / didn't have to** use the elevator.

5

She **could / couldn't** buy the last piece of cake.

C 문장에서 잘못된 부분을 찾아 문장을 바르게 고쳐 쓰세요.

1 We not must talk loudly on the subway. 우리는 지하철에서 큰 소리로 떠들어서는 안 된다.

→ _____

2 Jason have to take care of his sister. 제이슨은 여동생을 돌봐야 한다.

→ _____

3 I didn't had to cook dinner. 나는 저녁을 차릴 필요가 없었다.

→ _____

D 단어의 순서를 맞춰 문장을 만들어 보세요.

1 at night | You | sing loudly | not | must | . → _____

2 Yerin | wear | glasses | have to | doesn't | . → _____

3 to her | Do | I | say sorry | have to | ? → _____

E 다음은 앨런(Allan)의 지난주 일정표이다. 표의 내용과 일치하도록 각 문장의 빈칸에 알맞은 조동사를 아래 상자에서 골라 쓰세요. (중복 사용 가능)

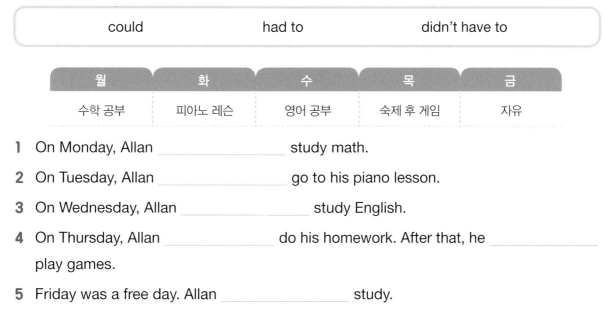

| could | had to | didn't have to |

월	화	수	목	금
수학 공부	피아노 레슨	영어 공부	숙제 후 게임	자유

1 On Monday, Allan _____ study math.

2 On Tuesday, Allan _____ go to his piano lesson.

3 On Wednesday, Allan _____ study English.

4 On Thursday, Allan _____ do his homework. After that, he _____ play games.

5 Friday was a free day. Allan _____ study.

CHAPTER REVIEW

01 조동사와 우리말 뜻이 바르게 짝지어진 것은?
2점

① can: ~할 것이다

② could: ~할 수 있었다

③ have to: ~해도 된다

④ must: ~할지도 모른다

⑤ don't have to: ~하면 안 된다

02 다음 중 밑줄 친 'May[may]'의 뜻이 나머지와 다른 하나는? 2점

① He <u>may</u> remember me.

② <u>May</u> I read comic books?

③ You <u>may</u> take a break now.

④ <u>May</u> I turn on the radio?

⑤ You <u>may</u> use my pen. Here it is.

03 밑줄 친 문장과 의미가 가장 비슷한 문장을 고르세요. 2점

> You must listen to this song. It's great!

① You may listen to this song.

② You can listen to this song.

③ You will listen to this song.

④ You have to listen to this song.

⑤ You could listen to this song.

04 다음 중 밑줄 친 부분이 어법상 <u>어색한</u> 것을 고르세요. 2점

① <u>Do I have to</u> help him?
(내가 그를 도와야 해?)

② You <u>can't</u> do it alone.
(너는 혼자서 그걸 할 수 없어.)

③ It <u>may be</u> a good chance.
(그건 좋은 기회일지도 몰라.)

④ <u>Must I have to</u> wash the dishes?
(내가 설거지를 해야 하니?)

⑤ <u>May I</u> turn on the air conditioner?
(에어컨을 켜도 되나요?)

05 다음 중 어법상 <u>어색한</u> 문장을 <u>모두</u> 고르세요.
3점

① I may stay up all night.

② Brian can wins the contest.

③ The cat must be hungry.

④ He musts go to bed early.

⑤ They had to turned off the TV.

06 다음 중 어법상 올바른 문장을 <u>모두</u> 고르세요.
2점

① He could play tennis well.

② You may are right.

③ Jamie had to walk home.

④ Susan had to bathed her dog.

⑤ You didn't had to read the book.

07 문장을 괄호 안의 지시대로 바꾼 것 중 <u>어색한</u> 것을 고르세요. 3점

① You may use your phone. (부정문)
   → You may not use your phone.

② They will tell us the secret. (의문문)
   → Will they tell us the secret?

③ Sally must wake up early. (과거 시제)
   → Sally musted wake up early.

④ I have to cross the road. (의문문)
   → Do I have to cross the road?

⑤ I can hold my breath for three minutes.
   (과거 시제)
   → I could hold my breath for three minutes.

*hold one's breath: 숨을 참다

08 다음 대화 중 어법상 <u>어색한</u> 것을 고르세요.
2점

① **A:** Must I wear a helmet?
   B: Yes, you must.

② **A:** Can Alice play the violin?
   B: Yes, she cans.

③ **A:** Can I go to the bathroom?
   B: Yes, you can.

④ **A:** Can you help me with my homework?
   B: No, I can't.

⑤ **A:** May I ask your phone number?
   B: No, you may not.

[09~10] 주어진 문장의 빈칸에 들어갈 수 <u>없는</u> 것을 고르세요. 각 2점

09

| He _____ watch the movie tomorrow. |

① can

② will

③ must

④ may

⑤ had to

10

| I had to study English _____. |

① last year

② yesterday

③ last weekend

④ next week

⑤ last week

11 다음 우리말 문장을 바르게 영작한 것을 <u>모두</u> 고르세요. 3점

| 그는 지금 당장 병원에 가야 해. |

① He is going to the hospital right now.

② He can go to the hospital right now.

③ He must go to the hospital right now.

④ He have to go to the hospital right now.

⑤ He has to go to the hospital right now.

12 케이트(Kate)가 잘하는 것과 못하는 것을 나타낸 그림을 보고, 각 질문에 <u>3단어</u>로 답하세요. 각 3점

(1) **A:** Can Kate paint a picture well?

　　B: _____

(2) **A:** Can Kate cook well?

　　B: _____

13 주어진 표현을 활용해서 우리말 문장을 영작하세요. 각 5점

(1)
> 나는 내일 일찍 일어나지 않아도 된다.
>
> ● get up early tomorrow

→ _____

(2)
> 너는 빨간 불에 길을 건너면 안 된다.
>
> ● cross the road at a red light

→ _____

14 도서관에서 지켜야 할 다음 규칙을 보고, 빈칸에 알맞은 표현을 써서 문장을 완성하세요. 각 3점

LIBRARY RULES

1 Speak queitly.
2 Do not eat or drink.
3 Ask the librarian for help.

(1) You _____ speak quietly.

(2) You _____ eat or drink.

(3) You _____ ask the librarian for help.

*librarian: 사서

01 조동사는 일반동사나 be동사와 함께 쓰여 ☐☐ 를 더해 주는 동사이다. 조동사 뒤에는 항상 ☐☐☐☐ 이 온다.

02 조동사 can은 ☐☐ ('~할 수 있다') 또는 ☐☐ ('~해도 된다') 의 의미를 나타낸다. 부정문은 ☐☐☐☐☐☐ 으로 나타내며, 줄여서 ☐☐☐' ☐ 로 쓴다. 의문문은 주어와 ☐☐☐ 의 위치를 바꾸면 된다.

03 조동사 may는 ☐☐ ('~할지도 모른다') 또는 ☐☐ ('~해도 된다')의 의미를 나타낸다. 부정문은 may not으로 나타내며, 의문문은 주어와 ☐☐☐ 의 위치를 바꾼다.

04 조동사 must는 ☐☐ ('~해야 한다') 또는 must be의 형태로 강한 ☐☐ ('틀림없이 ~일 것이다')을 나타낸다. 부정문은 must not으로 나타내며, 줄여서 ☐☐☐☐☐' ☐ 로 쓴다. 의문문은 주어와 ☐☐☐☐ 의 자리를 바꾼다.

05 조동사 have to는 ☐☐☐☐ 와 의미가 거의 같다. 주어가 3인칭 단수이면 형태가 ☐☐☐ to로 변한다. have to의 부정문은 ☐☐☐' ☐ have to로, '~하지 않아도 된다'라는 뜻이다. 주어가 3인칭 단수이면 ☐☐☐☐☐' ☐ have to로 쓴다.

06 조동사 can의 과거형은 ☐☐☐☐☐☐ 이고, 조동사 have to의 과거형은 ☐☐☐ to이다.

Chapter 5

전치사·접속사

전치사

장소 전치사

시간 전치사

기타 전치사

in front of,
behind, over
up, down...

before,
after, until
during, by...

to, from,
of, about,
with...

BEFORE

AFTER

SEOUL

BUSAN

FROM SEOUL
TO BUSAN

접속사

├─ **등위 접속사**

and, but, or, so
*1권에서 배웠어요!

└─ **종속 접속사**

├─ **때**
when, while...

├─ **이유**
because...

└─ **조건**
if...

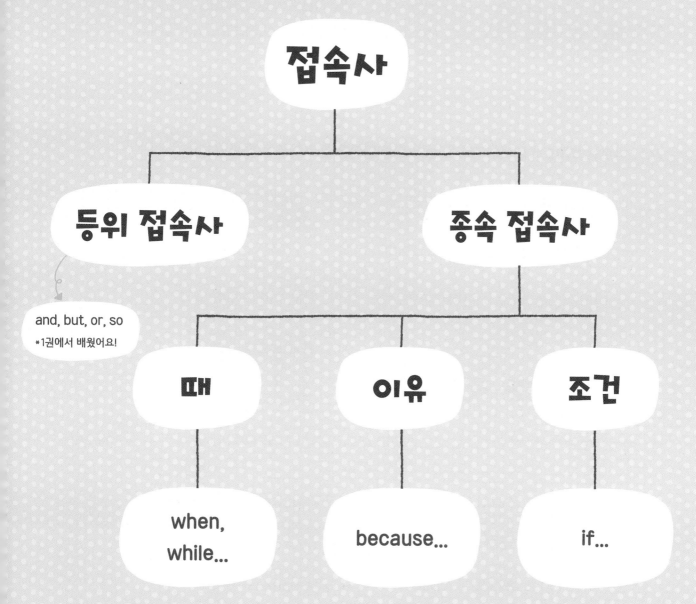

UNIT 25 장소 전치사(1)

① in front of, behind

The cat is in front of the TV.

1 전치사는 '앞에 두는 말'이라는 뜻이에요. 뭐 앞에? 명사나 대명사 앞! 1권에서 배운 at, on, in에 이어서 다른 장소 전치사를 공부할게요.

2 in front of는 '~ 앞에'라는 뜻이에요. 세 단어지만 합쳐서 하나의 전치사처럼 쓰여요. 호텔에 가면 맨 앞에 프런트(front) 데스크가 있죠? 그 front가 '앞'이라는 뜻이에요.
   The cat is in front of the TV. 그 고양이는 텔레비전 앞에 있다.

3 behind는 '~ 뒤에'라는 뜻의 전치사예요.
   The thief was hiding behind the curtains.
   도둑은 커튼 뒤에 숨어 있었다.

A 그림을 보고, 'in front of'와 'behind' 중 알맞은 전치사를 빈칸에 쓰세요.

1

She is _____ the mirror.

2

The lion is hiding _____ the rock.

3

The police car is _____ the taxi.

4

He is standing _____ the café.

B 빈칸에 알맞은 말을 써서 주어를 바꾸어 쓴 문장을 완성하세요.

1 Frank sits in front of Emma. → Emma sits _____.

2 The shop is behind the bank. → The bank is _____.

❷ between, next to

1   between은 '~ 사이에'라는 뜻의 전치사예요. 둘 사이에 있는 것을 말할 때 써요.

    between   +   복수 명사   ~들 사이에

    between   A   and   B   A와 B 사이에

The cat is between the books. 그 고양이는 책들 사이에 있다.

I sat between Lisa and Andy. 나는 리사와 앤디 사이에 앉았다.

2   next to는 '~ 옆에'라는 뜻의 전치사예요.

The post office is next to the bank. 우체국은 은행 옆에 있다.

I sit next to Mina in class. 나는 수업 시간에 미나 옆에 앉는다.

The cat is between the books.

C   그림을 보고, 빈칸에 알맞은 전치사를 아래 상자에서 골라 쓰세요. (중복 사용 가능)

between	next to	in front of	behind

1   Jihu is sitting _____ Yeri.

2   Seho is sitting _____ Jihu.

3   Chan is sitting _____ Seho and Bora.

4   Min is sitting _____ Bora.

5   The teacher is standing _____ the board.

D   우리말과 일치하도록 알맞은 전치사를 고르세요.

1   그 학교는 공원 옆에 있다.

    → The school is **between** / **next to** the park.

2   엄마의 차는 빨간 차와 흰 차 사이에 있다.

    → My mom's car is **between** / **next to** the red car **and** / **or** the white car.

UNIT 26 장소 전치사(2)

❶ up, down

1 up과 down은 위아래로 움직이는 **방향**을 나타내는 전치사예요.

2 전치사 up은 '~ 위로'라는 뜻으로, 위쪽으로 움직이는 **방향**을 나타내요. 위로 향하는 화살표(↑, ↗)를 떠올려 보세요.
She walked up the stairs. 그 애는 계단 위로 걸어 올라갔다. (↗)
A spider climbed up the wall. 거미가 벽 위로 기어올랐다. (↑)

3 전치사 down은 '~ 아래로'라는 뜻으로, 아래쪽으로 움직이는 **방향**을 나타내요. 아래로 향하는 화살표(↓, ↘)를 떠올려 보세요.
Tears ran down his face. 눈물이 그의 얼굴 아래로 흘러내렸다. (↓)
The ball fell down the stairs. 그 공은 계단 아래로 굴러 떨어졌다. (↘)

She walked up the stairs.

A 그림을 보고, 둘 중에서 알맞은 전치사를 고르세요.

1

He rode his bike **up** / **down** the hill.

2

We went **up** / **down** the slide.

3

She walked **up** / **down** the stairs.

4

He climbed **up** / **down** the ladder.

B 우리말과 일치하지 않는 부분을 찾아 동그라미 하고 바르게 고치세요.

1 그는 언덕 아래로 운전했다. He drove up the hill.   ➔ _____

2 우리는 계단 위로 올라갔다. We went down the stairs.   ➔ _____

② over, under

1 over와 under는 위아래의 위치를 나타내는 전치사예요. up과 down은 움직임을 나타내고, over와 under는 위아래에 위치한 상태를 나타내요.

2 전치사 over는 '~ 위에/위쪽에'라는 뜻이에요. 우리말 뜻은 전치사 on과 같지만, on은 표면 위에 딱 붙어 있는 상태를 나타내는데, over는 공중에 떠 있는 상태를 말해요. 산 위에 떠 있는 무지개처럼요.

We saw a rainbow over the mountain.
우리는 산 위의 무지개를 보았다.

The horse jumped over a fence. 그 말은 울타리 위로 뛰었다.

3 전치사 under는 '~ 아래에'라는 뜻입니다.
I found my key under the sofa. 나는 소파 아래에서 열쇠를 찾았다.

We saw a rainbow over the mountain.

C 그림을 보고, 둘 중에서 알맞은 전치사를 고르세요.

1

The photos are **on / over** the desk.

2

The photo is **on / over** the desk.

3

The dog is **on / under** the table.

4

The gifts are **under / over** the tree.

D 우리말과 일치하도록 알맞은 전치사를 고르세요.

1 새가 산 위로 날아갔다. → A bird flew **on / over** the mountain.

2 내 우산은 책상 아래에 있다. → My umbrella is **under / down** the desk.

A 전치사와 우리말 뜻을 연결하세요.

1 between   •
2 behind   •
3 over   •
4 next to   •
5 down   •
6 in front of •
7 up   •
8 under   •

• ~ 위로(방향)
• ~ 뒤에
• ~ 옆에
• ~ 아래로(방향)
• ~ 사이에
• ~ 아래에(위치)
• ~ 앞에
• ~ 위에, 위쪽에(위치)

B 그림을 보고, 빈칸에 알맞은 전치사를 아래 상자에서 골라 쓰세요.

up	behind	between	under

1  The dog is _____ the cats.

2  The boy is _____ his mother.

3  The woman is climbing _____ the mountain.

4  The elephant is _____ the tree.

C 우리말과 일치하도록 문장에서 잘못된 부분을 찾아 문장을 바르게 고쳐 쓰세요.

1 할아버지는 계단을 천천히 걸어 올라가셨다. My grandfather walked down the stairs slowly.

→ _____

2 티나는 언니들 사이에 앉아 있었다. Tina was sitting between her sister.

→ _____

D 단어의 순서를 맞춰 문장을 만들어 보세요.

1   the kitchen | My room | next to | is | .   내 방은 부엌 옆에 있다.

→ _____

2   waited | Lisa | the school | for him | in front of | .   리사는 학교 앞에서 그를 기다렸다.

→ _____

E 다음은 보물을 찾는 방법입니다. 밑줄 친 문장을 영작하세요. (괄호 안의 단어를 활용할 것)

배에서 내리면 여러분 앞에 언덕이 보일 것입니다. ¹그 언덕을 오르세요. 올라가면 큰 바위가 있습니다. 바위를 밀어 보세요. ²바위 뒤에 동굴이 있습니다. 동굴 안에는 두 개의 돌이 있습니다. ³그 돌들 사이에 연못이 있습니다. ⁴보물은 물 아래에 있습니다.

1 _____. (walk, the hill)

2 There is _____. (a cave, the rock)

3 There is _____. (a pond, the stones)

4 _____. (the treasure, the water)

UNIT 27 시간 전치사

❶ before, after, during

1 이제 시간 전치사들을 살펴볼게요. before는 '~ 전에'라는 뜻이고, after는 '~ 후에'라는 뜻의 전치사예요.
Lucy got home before midnight. 루시는 자정 전에 집에 왔다.
He washed the dishes after dinner.
그는 저녁 식사 후에 설거지를 했다.

He washed the dishes after dinner.

2 during은 '~ 중에', '~ 동안'이라는 뜻의 전치사예요.
I read a lot of books during vacation.
나는 방학 중에 책을 많이 읽었다.

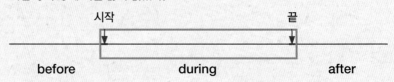

A 그림을 보고, 빈칸에 'before', 'after', 'during' 중 알맞은 전치사를 쓰세요.

1	2	3

_____ the meal	_____ the meal	_____ the meal

B 우리말과 일치하도록 빈칸에 알맞은 전치사를 쓰세요.

1 나는 방학 동안 많은 책을 읽었다. → I read many books _____ vacation.

2 그는 저녁 식사 전에 숙제를 했다. → He did his homework _____ dinner.

3 그 여자는 자정 후에 잠자리에 들었다. → She went to bed _____ midnight.

4 나는 시험 전에 초조하게 느낀다. → I feel nervous _____ exams.

5 에이미(Amy)는 수업 중에 필기했다. → Amy took notes _____ the class.

공부한 날 _____ 월 _____ 일 | 부모님 확인 _____

❷ by, until, around

1 by와 until은 둘 다 '~까지'라는 뜻의 전치사인데, 차이가 있어요.

by	until
어느 기한까지 행동을 완료하는 것	어느 때까지 행동을 계속하는 것

I'll finish my homework by 10 PM.
나는 오후 10시까지 숙제를 끝낼 것이다.

I did my homework until 10 PM.
나는 오후 10시까지 숙제를 (계속) 했다.

2 around는 '~쯤'이라는 뜻의 전치사예요.

I'm going to arrive there around 3. 나는 3시쯤 거기 도착할 것이다.

I'll finish my homework by 10 PM.

C 우리말과 일치하도록 알맞은 전치사를 고르세요.

1 우리 정오쯤 점심 먹자.

  → Let's have lunch **until** / **around** noon.

2 그 여자는 2020년까지 영국에 살았다.

  → She lived in England **by** / **until** 2020.

3 나는 내일까지 이 책을 도서관에 반납해야 해.

  → I have to return this book to the library **by** / **until** tomorrow.

D 둘 중에서 알맞은 전치사를 고른 후, 문장을 해석하세요.

1 The soccer match will be over **around** / **until** midnight.

  → _____

2 You have to send the email **by** / **until** Friday.

  → _____

UNIT 28 기타 중요 전치사

① to, from

I found a love letter from Mom to Dad.

1   자주 쓰이는 중요 전치사를 공부해 봐요. 전치사 to는 '~에게', '~로', '~까지'라는 뜻입니다. 쓰임이 다양하므로 예문을 많이 봐 두세요.

I go to school around 8. 나는 8시쯤 학교에 간다.

He gave a present to Allison. 그는 앨리슨에게 선물을 주었다.

2   전치사 from은 '~(로)부터', '~에서'라는 뜻입니다. from A to B는 'A로부터 B에게' 또는 'A부터 B까지'라는 뜻이에요.

I'm from Korea. 나는 한국에서 왔어. (나는 한국 출신이야.)

I found a love letter from Mom to Dad.
나는 엄마로부터 아빠에게 온 연애 편지를 발견했다.

I studied from 9 to 10. 나는 9시부터 10시까지 공부했다.

A   대화가 자연스럽도록 알맞은 전치사를 고르세요.

1   A: Where are you going this summer?

    B: I'm going **from** / **to** Gangneung. My grandparents live there.

2   A: Where are you from?

    B: I am **from** / **to** Kenya.

3   A: When is the shop open?

    B: It's open **from** / **to** Monday **from** / **to** Saturday.

B   우리말과 일치하도록 알맞은 전치사를 고르세요.

1   그는 중국에서 돌아왔다.   → He came back **to** / **from** China.

2   이 꽃은 아빠로부터 온 것이다.   → These flowers are **to** / **from** Dad.

3   그 애는 내게 선물을 주었다.   → She gave a present **to** / **from** me.

4   우리는 서울에서 대구로 이사했다.   → We moved **to** / **from** Seoul **to** / **from** Daegu.

② of, about, with

1 전치사 of는 ① '~의', ② '~ 중에'라는 두 가지 뜻이 있어요.

We studied the history of Korea. 우리는 한국의 역사를 공부했다.

This is one of my favorite songs.
이건 내가 제일 좋아하는 노래 중 하나야.

2 전치사 about은 '~에 대한', '~에 대해'라는 뜻입니다.

I read a book about robots. 나는 로봇에 대한 책을 읽었다.

Tell me about it. 그 일에 대해 말해 줘.

3 전치사 with는 '~와 함께'라는 뜻입니다.

I went to the market with my mom. 나는 엄마와 함께 시장에 갔다.

I read a book about robots.

C 그림을 보고, 둘 중에서 알맞은 전치사를 고르세요.

1

He's reading a book **about** / **with** birds.

2

I saw a movie **of** / **with** my friends.

3
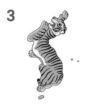

The tiger is a symbol **of** / **with** Korea.

4

Choose one **about** / **of** the doors.

D 우리말과 일치하도록 빈칸에 알맞은 전치사를 쓰세요.

1 그는 차에 대해서 많은 것을 안다. → He knows a lot ＿＿＿＿＿＿ cars.

2 그들 중 한 명은 거짓말을 하고 있다. → One ＿＿＿＿＿＿ them is telling a lie.

A 전치사와 우리말 뜻을 연결하세요.

1 about •   • ~(로)부터, ~에서

2 from •   • ~에 대한, ~에 대해

3 with •   • ~ 전에

4 after •   • ~ 동안

5 during •   • ~와 함께

6 to •   • ~의, ~ 중에

7 around •   • ~로, ~에게, ~까지

8 before •   • ~쯤

9 of •   • ~ 후에

B 우리말과 일치하도록 빈칸에 알맞은 전치사를 아래 상자에서 골라 쓰세요.

after	during	by	until	around

1 식사 후에 이를 닦아라.

→ Brush your teeth _____ meals.

2 니콜라는 주말 동안 바빴다.

→ Nicola was busy _____ the weekend.

3 역에서 4시쯤 만나자.

→ Let's meet at the station _____ 4.

4 나는 목요일까지 이 일을 끝내야 해.

→ I have to finish this work _____ Thursday.

5 우리는 작년까지 울산에 살았다.

→ We lived in Ulsan _____ last year.

C 문장에서 우리말과 일치하지 않는 부분을 찾아 문장을 바르게 고쳐 쓰세요.

1 그는 호주에서 왔다. He came to Australia.

→ _____

2 그 아이는 공룡에 대해 많은 것을 안다. The kid knows a lot with dinosaurs.

→ _____

3 6시까지 숙제를 끝내렴. Finish your homework until 6.

→ _____

D 단어의 순서를 맞춰 문장을 만들어 보세요.

1 meet | around | Let's | 2:30 | .　　→ _____

2 went home | after | the concert | She | .　　→ _____

3 Russia | Dmitri and Anna | from | Are | ?　　→ _____

4 They | to | told | their names | us | .　　→ _____

5 I | have to | until | wait | tomorrow | .　　→ _____

E 나래(Narae)의 글을 읽고, 괄호 안에서 알맞은 전치사를 고르세요.

Hello! My name is Narae Kim. I lived in Canada ¹(**by** / **until**) 2021. ²(**During** / **After**) that, I came ³(**from** / **to**) Korea. I live ⁴(**of** / **with**) my grandparents. My parents are in Canada. They are going to be there ⁵(**around** / **until**) next year. I miss them a lot. They call me ⁶(**of** / **around**) 10 every night. We talk ⁷(**about** / **with**) school, my friends, and my teachers.

UNIT 29 종속 접속사(1)

① 종속 접속사의 개념

I was tired when I got home.

1 1권에서 배운 and, but, or, so는 **등위 접속사**로, 접속사 앞뒤 내용이 똑같이 중요해요. **종속 접속사**는 문장과 문장을 연결하는데, 접속사 쪽 문장이 다른 쪽 문장보다 덜 중요해요. 그래서 '종속'된다고 해요.

> when ~할 때   while ~하는 동안
> because ~하기 때문에   if ~하면

2 종속 접속사가 연결하는 각각의 문장을 '절'이라고 불러요. 종속 접속사가 이끄는 절은 **종속절**, 다른 쪽 절은 **주절**이라고 해요.

★ 종속절은 주절 앞에 쓸 수도 있고 뒤에 쓸 수도 있는데, 앞에 쓸 때는 끝에 쉼표(,)를 찍어요.

I was tired when I got home. 나는 집에 왔을 때 피곤했다.
    주절   종속절

When I got home, I was tired. 집에 왔을 때, 나는 피곤했다.
    종속절   주절

A 빈칸에 알맞게 '종속절' 또는 '주절'을 쓰세요.

1 If it rains tomorrow, we can't go on a picnic.

2 I didn't see your message because I was busy.

B 우리말과 일치하도록 빈칸에 알맞은 접속사를 쓰세요.

1

에밀리는 공부하는 동안 음악을 듣는다.
→ Emily listens to music _____ she studies.

2

내 남동생은 어리기 때문에 자전거를 탈 수 없다.
→ My brother can't ride a bike _____ he is young.

❷ 때를 나타내는 *when, while*

1 Chapter 1에서 when은 '언제'라는 뜻의 의문사라고 배웠는데요, when 은 '~할 때'라는 뜻의 접속사이기도 해요. 접속사 when 뒤에는 '주어+ 동사'가 있는 절이 와요.

Jason waved when <u>he saw</u> me. 제이슨은 나를 봤을 때 손을 흔들었다.
주어 + 동사

2 접속사 while은 '~하는 동안'이라는 뜻이에요. when과 비슷하지만 약 간 다르죠? while 뒤에도 '주어+동사'가 있는 절이 와야 합니다.

I fell asleep while I was studying. 나는 공부하는 동안 잠이 들었다.

주의! during과 while은 우리말로 둘 다 '~ 동안'이지만 차이가 있어요.

I fell asleep while I was studying.

during(전치사)	while(접속사)
뒤에 명사가 옴	뒤에 절(주어+동사)이 옴

C 어울리는 절끼리 연결해서 문장을 만드세요.

1 I visited America •   • a while he was skiing.

2 Billy broke his leg •   • b when I was 5 years old.

3 The phone was ringing •   • c when I got home.

D 그림을 보고, 둘 중에서 알맞은 것을 골라 문장의 빈칸에 쓰세요.

1

NO FOOD

during / while

You must not eat food _____ class.

2

during / while

The weather was good _____ we were traveling.

UNIT 30 종속 접속사 (2)

① 이유를 나타내는 *because*

We like Allison because she loves us.

1 because는 이유를 나타내는 접속사예요. '~하기 때문에', '~해서'라고 해석해요. because 뒤에는 '주어+동사'가 있는 절이 와요.
We like Allison. (결과) + She loves us. (이유)
→ We like Allison because she loves us.
앨리슨이 우리를 사랑하기 때문에 우리는 그분을 좋아한다.

2 1권에서 배운 등위 접속사 so는 이유가 앞에 나오고 결과가 뒤에 나오지만, because는 반대로 결과가 앞에 나오고 이유가 뒤에 나와요.
I'm hungry. (결과) + I skipped lunch. (이유)
→ I skipped lunch, so I'm hungry. 나는 점심을 안 먹어서 배고프다.
→ I'm hungry because I skipped lunch.

A 빈칸에 알맞은 이유를 써서 문장을 완성하세요. 접속사 'because'를 사용하세요.

He was sick.

I didn't have an umbrella.

Her father is from France.

1 Mark didn't go to school _____because he was sick_____.

2 Jieun can speak French _____.

3 I got wet _____.

B 우리말과 일치하도록 알맞은 접속사를 고르세요.

1 그의 개는 배가 고파서 짖었다. → His dog barked **so** / **because** it was hungry.

2 나는 피곤해서 일찍 잠자리에 들었다. → I was tired, **so** / **because** I went to bed early.

공부한 날 _____ 월 _____ 일 부모님 확인 _____

❷ 조건을 나타내는 *if*

1 if는 조건을 나타내는 접속사예요. '(만약) ~하면'이라는 뜻입니다.

You may open the window if you want.
네가 원하면 창문을 열어도 돼.

The music plays if you press the button.
버튼을 누르면 음악이 재생됩니다.

2 미래의 일을 말하는 문장에서 if나 when을 쓸 때 주의할 점이 있어요. 주절에서는 미래 시제를 쓰지만, if/when절에서는 현재 시제를 써야 해요. 미래 시제로 쓰면 안 돼요.

If you <u>cook</u>, I'll do the dishes. 네가 요리하면 내가 설거지를 할게.

Ⓧ If you ~~will cook~~, I'll do the dishes.

You may open the window if you want.

C 빈칸에 알맞은 조건을 써서 문장을 완성하세요. 접속사 'if'를 사용하세요.

You have a question.

You go to the store.

You are sleepy.

1 Go to bed _____*if you are sleepy*_____ .

2 Raise your hand _____ .

3 _____ , buy some milk.

D 밑줄 친 부분을 바르게 고치세요.

1 You will pass the test if you <u>will study</u> hard. → _____

2 He won't be late if he <u>will take</u> a taxi. → _____

A 다음 문장에서 종속 접속사에 동그라미 하고, 종속절에 밑줄을 치세요.

1 Jihwan can't go to the party because he has to do his homework.

지환이는 숙제를 해야 해서 그 파티에 갈 수 없다.

2 When I saw Vicky, she was reading a book.

내가 비키를 보았을 때, 그 애는 책을 읽는 중이었다.

3 If you don't hurry, you'll miss the plane.

서두르지 않으면 너는 비행기를 놓칠 거야.

4 My brother was playing a computer game while I was studying.

내가 공부하는 동안 내 남동생은 컴퓨터 게임을 하고 있었다.

B 보기와 같이 괄호 안의 접속사를 사용해서 두 문장을 합쳐 한 문장으로 쓰세요.

> 보기
>
> He is happy. + He is going to a summer camp. (because)
>
> → He is happy because he is going to a summer camp.

1 She was surprised. + She heard the news. (when)

→ _____

2 I know her. + She is a friend of my sister's. (because)

→ _____

3 I can finish my homework. + You help me. (if)

→ _____

4 I went to Jeju-do. + I was seven years old. (when)

→ _____

5 My grandfather fell asleep. + He was watching TV. (while)

→ _____

C 문장에서 잘못된 부분을 찾아 문장을 바르게 고쳐 쓰세요.

1 I gave my dog a bone so it was his birthday. 내 개의 생일이었어서 나는 뼈를 주었다.

→ _____

2 Mom will be happy if I will clean my room. 내가 방을 치우면 엄마는 기뻐하실 거야.

→ _____

3 The package arrived during I was out. 내가 밖에 있는 동안 택배가 도착했다.

→ _____

D 빈칸에 알맞은 말을 써서 주어진 문장에 대한 우리말 해석을 완성하세요.

1 My sister can't ride on the roller coaster because she is short.

→ 내 여동생은 _____ 롤러코스터를 탈 수 없다.

2 I could count to 100 when I was seven years old.

→ 나는 _____ 100까지 셀 수 있었다.

3 We talked about it while we were having dinner.

→ 우리는 _____ 그것에 대해 이야기했다.

E 다음 글을 읽고, 괄호 안에서 알맞은 접속사를 고르세요.

Today, my mom was angry ¹ (**if** / **because**) our dog Max messed up the garden. It happened ² (**during** / **while**) my mom was out. ³ (**When** / **While**) Max saw a butterfly, he chased it. ⁴ (**If** / **While**) he was running around, he broke a plant. My mom saw this ⁵ (**because** / **when**) she got home. She was upset ⁶ (**so** / **because**) it was her favorite plant.

*mess up: ~을 망치다 | happen: 일어나다 | chase: 쫓다 | run around: 뛰어다니다

CHAPTER REVIEW

01 빈칸에 들어갈 수 <u>없는</u> 것을 고르세요. 2점

> There are a lot of books _____ the desk.

① on　　　　　　　② under
③ in front of　　　④ next to
⑤ between

[02~03] 우리말과 영어 문장의 의미가 일치하도록 빈칸에 알맞은 것을 고르세요. 각 3점

02

> 나는 오후 10시까지 도서관에 그 책을 반납해야 한다.
> = I have to return the book to the library _____ 10 PM.

① at　　　　　　　② by
③ until　　　　　④ after
⑤ during

03

> 개는 고양이와 함께 살 수 있다.
> = Dogs can live _____ cats.

① of　　　　　　　② by
③ from　　　　　④ behind
⑤ with

04 우리말 문장을 올바르게 영작한 것을 <u>모두</u> 고르세요. 3점

① 우리는 정오쯤에 점심을 먹는다.
　→ We eat lunch before noon.
② 그 상자들은 집 안에 있다.
　→ The boxes are in front of the house.
③ 그는 다음 달까지 일본에 머무를 예정이다.
　→ He is going to stay in Japan until next month.
④ 내 고양이는 담요 위에서 자고 있다.
　→ My cat is sleeping under the blanket.
⑤ 켈리네 집은 경찰서 옆에 있다.
　→ Kelly's house is next to the police station.

05 괄호 안에서 각 문장에 어울리는 전치사를 올바르게 나열한 것은? 4점

> • Many people are waiting (in front of / behind) the elevator.
> • Today, we will play basketball (during / around) P.E. class.
> • We prepared a lot of things (before / after) the party.

① in front of – during – before
② in front of – around – before
③ behind – during – after
④ behind – around – after
⑤ in front of – during – after

06 다음 중 빈칸에 들어갈 말이 나머지와 **다른** 하나는? 3점

① I don't like winter ＿＿＿＿＿ I don't like cold weather.

② I lived in India ＿＿＿＿＿ I was little.

③ She was taking a bath ＿＿＿＿＿ her phone rang.

④ We always eat popcorn ＿＿＿＿＿ we watch a movie.

⑤ The students were talking ＿＿＿＿＿ the teacher came in.

07 다음 지도를 **잘못** 설명한 것을 고르세요. 3점

① The bank is in front of the bookstore.

② The bakery is next to the barber shop.

③ The fire station is behind the candy shop.

④ The bookstore is next to the fire station.

⑤ The café is between the church and the bookstore.

*barber shop: 이발소

08 다음 대화의 빈칸 (A)와 (B)에 들어갈 말이 바르게 짝지어진 것은? 4점

A: What did you do ＿＿(A)＿＿ summer vacation?

B: I ate a lot of seafood ＿＿(B)＿＿ I was staying at my grandparents' house.

	(A)	(B)
①	while	while
②	during	during
③	during	while
④	while	during
⑤	during	so

09 다음은 에밀리(Emily)의 하루에 대한 글이다. 밑줄 친 ⓐ~ⓔ 중에서 쓰임이 적절하지 **않은** 것은? 4점

I get up at 8 in the morning and get ready for school. I have to get to school ⓐuntil 9 o'clock ⓑbecause my first class starts then. ⓒWhen school ends, I go to the library and read books. ⓓAfter that, I go home and do my homework. I finish my homework ⓔbefore dinner.

① ⓐ　　　　　② ⓑ

③ ⓒ　　　　　④ ⓓ

⑤ ⓔ

주관식 서술형

10 주어진 접속사를 사용해서 다음 두 문장을 연결해 한 문장으로 쓰세요. 6점

Seunghyun fell sleep. + He was reading a book.

- while

→ _____

11 주어진 조건에 따라 우리말 문장을 영작하세요. 10점

우리 할아버지는 피곤하실 때 온수 목욕을 하신다.

- **조건 1** 주절을 종속절 앞에 쓸 것
- **조건 2** 다음 표현들을 활용할 것: my, take a hot bath, when, tired

→ _____

12 다음 현장 학습 안내문에서 잘못된 부분을 1군데 찾아 바르게 고쳐 쓰세요. 5점

Field Trip to the Museum!

We will go to the Seoul Museum of Art on June 7.
We will go there by school bus.
Please come to school in front of 8:30 AM.

→ _____

01 전치사 뒤에는 항상 ☐☐ 나 대명사가 온다.

02 장소 전치사 in ☐☐☐☐☐ of는 '~ 앞에',

☐☐☐☐☐ 는 '~ 뒤에'라는 뜻이다.

☐☐☐☐☐☐☐ 은 '~ 사이에'라는 뜻이고,

☐☐☐☐ to는 '~ 옆에'라는 뜻이다.

03 전치사 ☐☐ 은 '~ 위로'라는 뜻이고, ☐☐☐☐ 은

'~ 아래로'라는 뜻이다. 둘 다 움직이는 방향을 나타낸다. 전치사

☐☐☐☐ 는 '~ 위에'라는 뜻으로 공중에 떠 있는 상태를

나타낸다. 전치사 ☐☐☐☐☐ 는 '~ 아래에'라는 뜻이다.

04 시간 전치사 ☐☐☐☐☐☐ 는 '~ 전에'라는 뜻이고,

☐☐☐☐☐ 는 '~ 후에'라는 뜻이다.

☐☐☐☐☐☐ 은 '~ 중에', '~ 동안'이라는 뜻이다.

☐☐ 와 ☐☐☐☐☐☐ 은 둘 다 '~까지'라는 뜻이고,

☐☐☐☐☐ 는 '~쯤'이라는 뜻이다.

05 그밖에 중요한 전치사로, ☐☐☐ (~에게, ~로), ☐☐☐☐☐

(~(로)부터, ~ 에서), ☐☐☐ (~의, ~ 중에), ☐☐☐☐

(~에 대해), ☐☐☐☐☐ (~와 함께) 등이 있다.

06 종속 접속사는 ☐☐ 절과 ☐☐ 절을 연결한다.

☐☐☐☐☐ (~할 때), ☐☐☐☐☐☐☐ (~하는 동안),

☐☐☐☐☐☐ (~하기 때문에), ☐☐ (~하면) 등이

있다.

Chapter 6

비교 표현

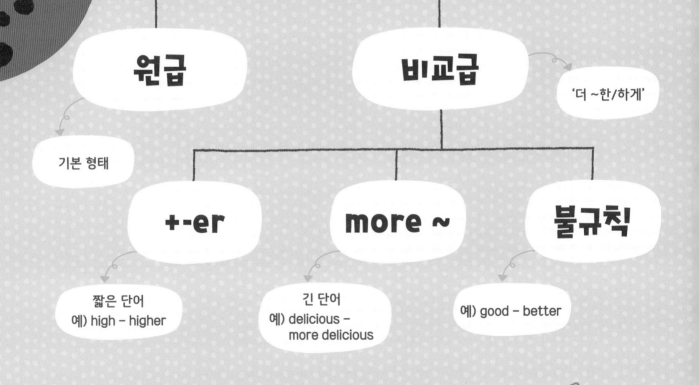

원급

└ 기본 형태

비교급

└ '더 ~한/하게'

+-er

└ 짧은 단어
예) high – higher

more ~

└ 긴 단어
예) delicious –
more delicious

불규칙

└ 예) good – better

high

higher

형용사·부사

최상급
→ '가장 ~한/하게'

+-est
→ 짧은 단어
예) high – highest

most ~
→ 긴 단어
예) delicious – most delicious

불규칙
→ 예) good – best

the highest

UNIT 31 비교급(1)

❶ 비교급 개념, 짧은 형용사의 비교급

I'm taller than you.

1 비교급은 말 그대로 두 대상을 비교할 때 쓰는 표현이에요. '…보다 더 ~한/하게'라는 뜻이에요. 이때 '…보다'에 해당하는 단어가 than이에요. 비교급 뒤에는 than이 따라 나옵니다.

I'm taller than you. 내가 너보다 키가 커.
비교급 + than + 비교 대상

2 1음절의 짧은 형용사의 비교급 만드는 규칙은 다음과 같아요.
① 대부분의 단어는 끝에 -er을 붙여요. (tall – taller)
② e로 끝나는 단어는 -r만 붙여요. (large – larger)
③ '단모음+단자음'으로 끝나는 단어는 자음을 한 번 더 쓰고 -er을 붙여요. (big – bigger)

A 그림에 알맞은 표현에 동그라미 하고, 그 표현을 빈칸에 써서 문장을 완성하세요.

1

faster / slower

A car is _____ than a bike.

2

shark   whale

bigger / smaller

A shark is _____ than a whale.

B 우리말과 일치하도록 괄호 안의 단어를 활용해서 빈칸에 알맞은 말을 쓰세요.

1 내 개는 네 개보다 귀엽다. (cute)　　➡ My dog is _____ your dog.

2 샘은 엘리엇보다 키가 크다. (tall)　　➡ Sam is _____ Elliot.

3 이 가방이 저 가방보다 크다. (big)　　➡ This bag is _____ that bag.

4 엘라는 루시보다 힘이 세다. (strong)　➡ Ella is _____ Lucy.

5 대구는 서울보다 덥다. (hot)　　　　➡ Daegu is _____ Seoul.

❷ 긴 형용사의 비교급

1 **2음절 이상**의 긴 형용사의 비교급은 앞에 more를 써 줍니다.

> interesting – more interesting 더 재미있는
> difficult – more difficult 더 어려운

English is <u>more interesting</u> <u>than math</u>. 영어는 수학보다 재미있다.
　　　　　　 비교급　 + 　than + 비교 대상

2 이 규칙에 예외가 있어요. **y로 끝나는 2음절 형용사**는 앞에 more를 붙이지 않고, y를 i로 바꾸고 -er을 붙인답니다.

> happy – happier 더 행복한　 easy – easier 더 쉬운

★ 부사도 비교급이 있어요. 흔히 '형용사+-ly' 형태로 된 부사의 비교급은 앞에 more를 붙여요.
(slowly → more slowly)

English is more interesting than math.

C 주어진 형용사를 비교급으로 바꾸어 쓰세요.

1 beautiful → _____　　　2 delicious → _____

3 happy → _____　　　4 dangerous → _____

5 exciting → _____　　　6 heavy → _____

7 expensive → _____　　　8 healthy → _____

9 easy → _____　　　10 difficult → _____

D 우리말과 일치하도록 둘 중에서 알맞은 것을 고르세요.

1 이 펜이 저 펜보다 비싸다.

→ This pen is **expensiver** / **more expensive** than that pen.

2 수학이 과학보다 쉽다.

→ Math is **more easy** / **easier** than science.

3 복숭아가 사과보다 맛있다.

→ Peaches are **more delicious** / **deliciouser** than apples.

UNIT 32 비교급(2)

① 불규칙 변화

She sings better than me.

비교급에도 **불규칙 변화**가 있어요. 중요하니까 꼭 기억하세요!

good/well – better 더 좋은/잘   bad – worse 더 나쁜
many – more 더 많은   much – more 더 많은/많이
little – less 더 적은

ⓧ ~~gooder~~   ⓧ ~~badder~~   ⓧ ~~more good~~

She sings better than me. 그 여자애는 나보다 노래를 더 잘한다.

The weather is worse than yesterday. 날씨가 어제보다 더 나쁘다.

I have more books than my sister. 나는 여동생보다 책이 더 많다.

I like summer more than winter. 나는 겨울보다 여름을 더 많이 좋아한다.

A 그림을 보고, 빈칸에 알맞은 비교급 표현을 쓰세요.

1

good

2

bad

3

many

4

little

B 우리말과 일치하도록 빈칸에 알맞은 비교급 표현을 쓰세요.

1 이 펜이 저 펜보다 좋다.   → This pen is _____ _____ that pen.

2 나는 언니보다 숙제가 적다.   → I have _____ homework _____ my sister.

② 비교급 강조 표현

키가 그냥 더 큰 게 아니라 훨~씬 더 크다고 할 때는 어떻게 할까요? '훨씬'이
라고 비교급을 강조하려면 much, a lot, far 중 하나를 쓰면 됩니다.

much / a lot / far + 비교급 훨씬 더 ~한/하게

Soccer is much more exciting than baseball.
축구는 야구보다 훨씬 더 재미있다.

My dad is a lot taller than my uncle.
아빠는 삼촌보다 훨씬 키가 크다.

Math is far more difficult than English.
수학은 영어보다 훨씬 더 어렵다.

주의! very는 안 돼요! ⊗ My dad is ~~very~~ taller than my uncle.

Soccer is much more exciting than baseball.

C 그림을 보고, 빈칸에 알맞은 비교급 강조 표현을 쓰세요.

1

shorter

shorter

2

older

older

D 우리말과 일치하도록 둘 중에서 알맞은 것을 고르세요.

1 내 제일 친한 친구는 나보다 훨씬 더 많은 책을 읽는다.

→ My best friend reads **more far** / **far more** books than I do.

2 에디의 점수는 내 점수보다 훨씬 더 나쁘다.

→ Eddie's scores are **very** / **much** worse than my scores.

3 이 영화가 저 영화보다 훨씬 더 재미있다.

→ This movie is a lot **interesting** / **more interesting** than that movie.

A 주어진 형용사를 비교급으로 바꾸어 쓰세요.

1 long → _____

2 noisy → _____

3 big → _____

4 good → _____

5 boring → _____

6 dangerous → _____

7 stupid → _____

8 dry → _____

9 smart → _____

10 little → _____

11 angry → _____

12 difficult → _____

13 careful → _____

14 many → _____

15 bad → _____

16 nice → _____

B 그림을 보고, 주어진 단어를 빈칸에 알맞게 비교급으로 써서 문장을 완성하세요.

1

(expensive)

The apples are _____ _____ than the bananas.

2

(much)

The dog eats _____ food than the cat.

3

Mt. Halla   Mt. Jiri

(high)

Mt. Halla is _____ _____ Mt. Jiri.

4

(tall)

The red house is _____ _____ the blue house.

C 우리말과 일치하도록 문장에서 잘못된 부분을 찾아 문장을 바르게 고쳐 쓰세요.

1 이 상자가 저 상자보다 무겁다. This box is more heavy than that box.

→ _____

2 이 차가 저 차보다 훨씬 더 비싸다. This car is many more expensive than that car.

→ _____

3 이 책은 저 책보다 훨씬 더 지루하다. This book is much boring than that book.

→ _____

D 단어의 순서를 맞춰 문장을 만들어 보세요.

1 is | than | taller | Soyun | her older sister | . 소윤이는 언니보다 더 키가 크다.

→ _____

2 You | better | yesterday | look | than | . 너는 어제보다 더 좋아 보인다.

→ _____

3 a lot | My uncle | funnier | Dad | than | is | . 삼촌은 아빠보다 훨씬 더 재미있으시다.

→ _____

E 다음 표는 두 노트북 컴퓨터를 비교한 것입니다. 표의 내용과 일치하는 문장은 T에, 일치하지 않는 문장은 F에 표시하세요.

	XP7	HS8
가격	₩980,000	₩1,230,000
무게	1.86 kg	1.78 kg
두께	15 mm	13 mm
평점	☆☆☆	☆☆☆☆

1 The XP7 is cheaper than the HS8. ☐ T ☐ F

2 The XP7 is heavier than the HS8. ☐ T ☐ F

3 The XP7 is thicker than the HS8. ☐ T ☐ F

4 The XP7 has better ratings than the HS8. ☐ T ☐ F

*ratings: 평점

UNIT 33 최상급(1)

❶ 최상급 개념, 짧은 형용사의 최상급

Mt. Everest is the highest mountain.

1 '가장 ~한/하게'라는 표현을 최상급이라고 해요. 형용사의 최상급을 쓸 때는 앞에 the가 꼭 필요해요. 하나밖에 없는 것이기 때문이에요.
Mt. Everest is the highest mountain.
　　　　　　　　　the+최상급
에베레스트산은 제일 높은 산이다.

2 1음절의 짧은 형용사의 최상급 만드는 규칙은 다음과 같아요.
① 대부분의 단어는 끝에 -est를 붙여요. (tall – the tallest)
② e로 끝나는 단어는 -st만 붙여요. (large – the largest)
③ '단모음+단자음'으로 끝나는 단어는 자음을 한 번 더 쓰고 -est를 붙여요. (big – the biggest)

A 그림을 보고, 주어진 단어를 최상급으로 바꿔 문장을 완성하세요.

1 (tall)

→ Ted is _____.

2 $1.30　$11.50　$7.00　milk　-30%　(cheap)

→ The milk is _____.

B 밑줄 친 부분을 바르게 고치세요. 고칠 필요가 없으면 'OK'라고 쓰세요.

1 This is the <u>bigest</u> tree in the yard. → _____

2 Jimin is the <u>younggest</u> in her family. → _____

3 James is the <u>nicest</u> boy in my class. → _____

4 February is the <u>shortest</u> month. → _____

5 Today is the <u>hotest</u> day of the year. → _____

② 긴 형용사의 최상급

1 2음절 이상의 긴 형용사의 최상급은 앞에 the most를 써 줍니다.

interesting – the most interesting 가장 재미있는
delicious – the most delicious 가장 맛있는

Mom makes the most delicious curry.
엄마는 가장 맛있는 카레를 만드신다.

2 이 규칙에 예외가 있어요. y로 끝나는 2음절 형용사는 앞에 most를 붙이지 않고, y를 i로 바꾸고 -est를 붙인답니다.

happy – the happiest 가장 행복한

★ 부사도 최상급이 있어요. 흔히 '형용사+-ly' 형태로 된 부사의 최상급은 앞에 the most를 붙여요.
(slowly → the most slowly)

Mom makes the most delicious curry.

C 주어진 형용사를 최상급으로 바꾸어 쓰세요. (앞에 the를 꼭 쓸 것)

1 boring → _____ 2 easy → _____

3 busy → _____ 4 exciting → _____

5 delicious → _____ 6 lazy → _____

7 important → _____ 8 expensive → _____

9 difficult → _____ 10 funny → _____

D 우리말과 일치하도록 괄호 안의 표현을 최상급으로 바꾸어 문장을 완성하세요.

1 그 여자는 가장 중요한 사람이다. (important)

→ She is _____ person.

2 이게 여기서 제일 비싼 드레스입니다. (expensive)

→ This is _____ dress here.

3 수요일은 나에게 있어서 제일 바쁜 날이다. (busy)

→ Wednesday is _____ day for me.

UNIT 34 최상급(2)

❶ 불규칙 변화

I got the best score.

최상급에도 **불규칙 변화**가 있어요. 비교급과 같이 한꺼번에 외우세요!

good/well – better – the best 가장 좋은/잘
bad – worse – the worst 가장 나쁜
many – more – the most 가장 많은
much – more – the most 가장 많은/많이
little – less – the least 가장 적은

⊗ ~~goodest~~ ⊗ ~~baddest~~ ⊗ ~~most good~~

I got the best **score.** 나는 가장 좋은 점수를 받았다.

Jack is the worst **dresser.** 잭은 옷을 가장 못 입는 사람이다.

A 주어진 형용사/부사의 비교급과 최상급 표현을 쓰세요.

원급	비교급	최상급
1 bad	→	→ the
2 little	→	→ the
3 many	→	→ the
4 good	→	→ the
5 well	→	→ the

B 우리말과 일치하도록 빈칸에 알맞은 최상급 표현을 쓰세요.

1 지호는 가장 많은 카드를 갖고 있다. → Jiho has _____ _____ cards.

2 오늘은 최악의 하루야. → Today is _____ day.

3 빨간색이 너에게 최고의 색이야. → Red is _____ color for you.

❷ 최상급 뒤에 오는 표현

최상급 뒤에는 보통 '~에서', '~ 중에서'라는 표현이 따라 나와요. 주로 전치사 in이나 of 뒤에 명사가 와요.

the+최상급 + in + 범위, 장소 ···에서 가장 ~한/하게

the+최상급 + of + 숫자, 복수 명사 ··· 중에서 가장 ~한/하게

Amy is the funniest student in the class.
에이미는 반에서 가장 웃긴 학생이다.

It is the fastest airplane in the world.
그것은 세계에서 가장 빠른 비행기이다.

Tom is the tallest of the three.
톰이 그 셋 중에서 가장 키가 크다.

↙ Tom

Tom is the tallest of the three.

C 상자에서 형용사를 골라 알맞은 형태로 바꿔서 퀴즈 질문을 완성하세요.

many	long	largest

1 Q: What is the _____ city in Korea?   A: Seoul

2 Q: Which country has the _____ people in the world?   A: China

3 Q: What is the _____ river in the world?   A: the Nile

D 우리말과 일치하도록 둘 중에서 알맞은 것을 고르세요.

1 데스밸리는 미국에서 가장 더운 곳이다.

→ Death Valley is the hottest place **of** / **in** America.

2 모든 과목 중에서 수학이 제일 어렵다.

→ Math is the most difficult **of** / **in** all subjects.

3 내 친구들 중에서 벤이 제일 게으르다.

→ Ben is the laziest **of** / **in** my friends.

UNIT 35 원급을 이용한 비교 표현

① 동등 비교

I'm as tall as my dad.

1 둘 사이에 차이가 없을 때 '얘랑 얘랑 똑같아'라고 하죠. 이렇게 두 대상이 같음을 나타낼 때 쓰는 표현을 동등 비교라고 해요.

2 동등 비교는 'as+원급+as' 형태로 쓰면 됩니다. as와 as 사이에 형용사/부사의 원급을 써요. '원급'은 형용사/부사의 기본 형태를 말해요. 해석은 '…만큼 ~한/하게'라고 해요.

I'm as tall as my dad. 나는 아빠만큼 키가 크다.
as + 원급 + as + 비교 대상

I can run as fast as you. 나는 너만큼 빨리 달릴 수 있다.
as + 원급 + as + 비교 대상

주의! as ~ as 사이에 비교급을 쓰면 안 돼요.
ⓧ I'm as ~~taller~~ as my dad.

A 그림에 알맞은 표현에 동그라미 하고, 그 표현을 빈칸에 써서 문장을 완성하세요.

1

5 years old   5 years old

old / older

The dog is as _____ as the cat.

2

$6 $6

expensive / more expensive

The watermelon is as _____ as the pineapple.

B 우리말과 일치하도록 괄호 안의 단어를 활용해서 문장을 완성하세요.

1 나의 방은 언니의 방만큼 크다. (big)

→ My room is _____ _____ _____ my sister's room.

2 이 책은 저 책만큼 재미있다. (interesting)

→ This book is _____ _____ _____ that book.

② 열등 비교

1 아빠가 나보다 키가 크다면 반대로 '나는 아빠만큼 키가 크지 않다'라고 표현할 수도 있죠. 이렇게 '…만큼 ~하지 않은/않게'라고 표현하려면, 앞에서 배운 as ~ as의 앞에 not을 붙여서 'not as+원급+as'로 쓰면 돼요. 뒤의 대상보다 못한 것을 나타내는 표현을 열등 비교라고 해요.

I am not as tall as my dad. 나는 아빠만큼 키가 크지 않다.

2 또 다른 열등 비교 표현으로 '…보다 덜 ~한/하게'라는 표현이 있어요. 'less+원급+than' 형태로 써요. 비교급을 쓰면 안 되니 주의하세요!

Lions are less <u>fast</u> than cheetahs.
사자는 치타보다 덜 빠르다.

Ⓧ Lions are less ~~faster~~ than cheetahs.

Lions are less fast than cheetahs.

C 그림에 알맞은 표현에 동그라미 하고, 그 표현을 빈칸에 써서 문장을 완성하세요.

1

tall / short

He is not as _____ as his sister.

2

big / bigger

The yellow box is less _____ than the green box.

D 밑줄 친 부분을 바르게 고치세요.

1 My dog is not as <u>gentler</u> as that dog.　→ _____

2 Steve is less kind <u>as</u> Helen.　→ _____

3 This book is less <u>thicker</u> than that book.　→ _____

4 Apple juice is <u>as not</u> delicious as orange juice.　→ _____

A 주어진 형용사를 최상급으로 바꾸어 쓰세요. (the를 꼭 쓸 것)

1 thin   → _____

2 happy   → _____

3 good   → _____

4 bad   → _____

5 small   → _____

6 difficult   → _____

7 safe   → _____

8 expensive   → _____

9 dirty   → _____

10 hot   → _____

11 many   → _____

12 nice   → _____

13 beautiful   → _____

14 young   → _____

15 popular   → _____

16 pretty   → _____

B 보기 와 같이 밑줄 친 부분을 괄호 안의 지시대로 바꾸어 빈칸에 쓰세요.

> 보기   Mina is funny. (최상급으로) → Mina is the funniest in my class.

1 Andy is tall. (최상급으로)

   → Andy is _____ in my grade.

2 Peter is polite. (최상급으로)

   → Peter is _____ of the kids.

3 Gold is more expensive than silver. (less를 사용)

   → Silver is _____ gold.

4 The park is large. (최상급으로)

   → The park is _____ in Seoul.

5 This car is less old than that car. (not as ~ as를 사용)

   → This car is _____ that car.

C   우리말과 일치하도록 문장에서 잘못된 부분을 찾아 문장을 바르게 고쳐 쓰세요.

1   너는 최고의 학생이다. You are the most good student.

→ _____

2   그것은 최악의 영화이다. It is the worse movie.

→ _____

3   줄리아는 로라보다 덜 꼼꼼하다. Julia is less careful as Laura.

→ _____

D   단어의 순서를 맞춰 문장을 만들어 보세요.

1   This | is | painting | the | beautiful | most | .   이것은 가장 아름다운 그림이다.

→ _____

2   science | Math | as | as | interesting | is | .   수학은 과학만큼 재미있다.

→ _____

E   다음 글을 읽고, 빈칸에 알맞은 표현을 아래 상자에서 골라 쓰세요. (안 쓰이는 것들도 있음)

| the youngest | older | younger | less fast than | as fast as |

We have three dogs. Their names are Luna, Daisy, and Milo. Luna is the oldest. She is eight years old. Daisy is ¹_____ than Luna, but she is older than Milo. Milo is ²_____. He is the smallest, too. But he is the fastest. When I throw a ball, Milo always catches it first. Luna and Daisy are not ³_____ Milo.

CHAPTER REVIEW

01 다음 중 원급과 비교급의 연결이 올바른 것을 모두 고르세요. 2점

① good – gooder

② thin – thiner

③ large – larger

④ bad – badder

⑤ fast – faster

02 밑줄 친 부분을 바르게 고친 것을 고르세요. 2점

① Math is more difficulter than English.
(→ difficulter)

② This doll is more cute than that doll.
(→ more cuter)

③ America is largeer than Korea.
(→ more large)

④ The black shirt is prettyer than the white one. (→ prettier)

⑤ For me, rain is bader than snow.
(→ badder)

03 다음 중 빈칸에 들어갈 표현으로 알맞지 않은 것을 모두 고르세요. 2점

> Let's watch this movie. It is _____ funnier than that movie.

① much   ② far

③ very   ④ a lot

⑤ many

04 다음 중 어법상 어색한 문장을 고르세요. 2점

① Jack is much funnier than John.

② Spanish is far more difficult than English.

③ Allison speaks English very better than me.

④ Jinseok runs a lot faster than Jinsu.

⑤ This question is much easier than that question.

05 다음 중 원급과 최상급의 연결이 올바르지 않은 것을 고르세요. 2점

① big – the biggest

② tall – the tallest

③ popular – the most popular

④ less – the least

⑤ cute – the cutest

06 다음 중 어법상 어색한 문장을 고르세요. 2점

① Emma's mother is as old as her father.

② I don't like pizza as much as pasta.

③ Today, I feel better than yesterday.

④ Monkeys are more smarter than dogs.

⑤ My brother is not as tall as I.

07 다음 중 최상급을 만드는 방법이 다른 하나를 고르세요. 2점

① wonderful

② beautiful

③ important

④ delicious

⑤ healthy

08 다음 문장을 우리말로 올바르게 해석한 것을 고르세요. 2점

> My hair is not as long as hers.

① 내 머리카락은 그 애의 것보다 짧다.

② 내 머리카락은 그 애의 것보다 짧지 않다.

③ 내 머리카락은 그 애의 것과 길이가 같다.

④ 내 머리카락은 그 애의 것만큼 길다.

⑤ 내 머리카락은 그 애의 것만큼 길지 않다.

09 다음 중 어법상 옳은 문장의 개수를 고르세요. 3점

> ⓐ Math is as interesting as English.
> ⓑ My pencil case is bigger than yours.
> ⓒ This pen is worse than that pen.
> ⓓ You sing as good as your friend.

① 0개   ② 1개

③ 2개   ④ 3개

⑤ 4개

10 그림과 일치하지 않는 설명을 고르세요. 2점

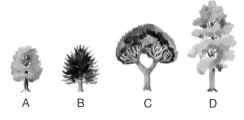

A   B   C   D

① Tree C is shorter than tree D.

② Tree A is as tall as tree B.

③ Tree A is less tall than tree C.

④ Tree D is the tallest of them.

⑤ Tree C is as tall as tree D.

11 빈칸에 들어갈 말이 나머지와 다른 하나는? 2점

① I am the youngest _____ my family.

② Jiho is the tallest _____ his class.

③ This is the cutest _____ these dolls.

④ It is the largest park _____ the city.

⑤ This café sells the best coffee _____ Seoul.

12 다음 중 어법상 어색한 문장을 모두 고르세요. 3점

① Dr. Kim is the best doctor of the town.

② This is the most popular TV program in Korea.

③ Mt. Halla is the highest mountain in Korea.

④ Jack is the smartest in them all.

⑤ Hyoju is the best singer in our class.

주관식 서술형

13 다음 문장을 우리말로 해석하세요. 각 4점

(1)

Baby bears are as small as dogs.

→ _____

(2)

This pizza is less delicious than that pizza.

→ _____

14 우리말과 일치하도록 주어진 단어를 활용해서 빈칸에 알맞은 말을 쓰세요. 각 5점

(1)

나에게는 여름이 겨울보다 훨씬 좋다.
● much

→ For me, summer is _____ _____ _____ winter.

(2)

이 책은 저 책보다 덜 재미있다.
● less, interesting

→ This book is _____ _____ _____ that book.

15 우리말 해석에 알맞게 괄호 안의 단어를 배열해서 문장을 만드세요. 6점

애슐리(Ashley)는 존(John)만큼 키가 크지 않다. (John / tall / is / as / not / Ashley / as)

→ _____

비교 표현 개념 정리

● 정답 225쪽 ●

01 형용사/부사의 기본 형태를 〔　〕〔　〕이라 하고, '…보다 ~한/하게'
라고 두 대상을 비교하는 표현을 〔　〕〔　〕〔　〕이라고 한다. 비교급
뒤에는 〔　〕〔　〕〔　〕이 따라오고, 그 뒤에 비교하는 대상이 온다.
'가장 ~한/하게'라는 표현은 〔　〕〔　〕〔　〕이라고 한다.

02 비교급을 만들 때 1음절의 짧은 단어는 뒤에 −〔　〕〔　〕을 붙인다.
단, e로 끝나는 짧은 단어는 −〔　〕만 붙이고, '단모음+단자음'으로
끝나는 짧은 단어는 〔　〕〔　〕을 한 번 더 쓰고 −〔　〕〔　〕을 붙인다.

03 2음절 이상의 긴 단어는 단어 앞에 〔　〕〔　〕〔　〕〔　〕를 쓴다.
단, 2음절이어도 〔　〕로 끝나는 단어는 〔　〕를 〔　〕로 바꾸고
−〔　〕〔　〕을 붙인다. 불규칙하게 변하는 형용사/부사도 있다.

04 최상급을 만들 때도 위와 같은 법칙이 적용되는데, −er 대신
−〔　〕〔　〕〔　〕를 붙이고, more 대신 〔　〕〔　〕〔　〕〔　〕를 붙인다.

05 비교급을 강조할 때 쓰는 표현으로 〔　〕〔　〕〔　〕〔　〕, a lot,
〔　〕〔　〕〔　〕가 있다.

06 원급을 사용한 비교 표현도 있다. 동등 비교는 '〔　〕〔　〕+원급
+〔　〕〔　〕'의 형태로 '…만큼 ~한/하게'라는 뜻이다. 열등 비교는
'〔　〕〔　〕〔　〕〔　〕+원급+〔　〕〔　〕〔　〕〔　〕'의 형태로 '…보다 덜
~한/하게'라는 뜻이다.

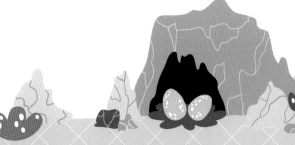

Chapter 7

명사·대명사

명사의 수량 표현

셀 수 있는 명사   셀 수 없는 명사

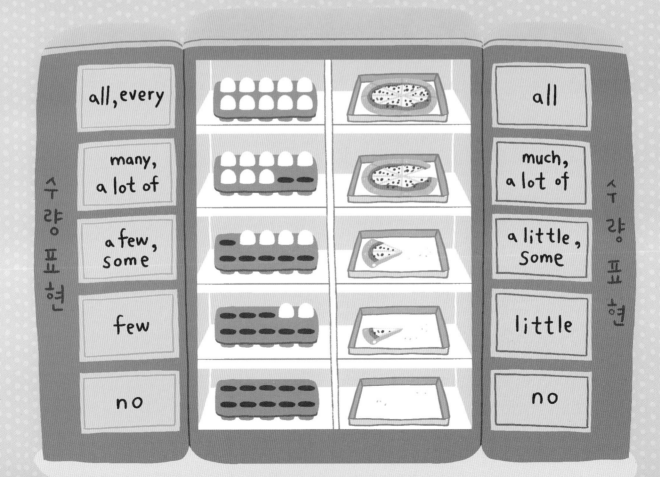

수량 표현		수량 표현
all, every		all
many, a lot of		much, a lot of
a few, some		a little, some
few		little
no		no

주격

*1권에서 배웠어요!

목적격

인칭 대명사 ── 소유격

소유 대명사

대명사

재귀 대명사

this, that, these, those
*1권에서 배웠어요!

지시 대명사

myself, yourself,
himself, herself,
itself, ourselves,
yourselves,
themselves

의문 대명사

who, what, which...
*Chapter 1에서 배웠어요!

비인칭 주어

itself

날씨, 요일 등을
나타내는 it

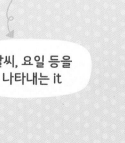

UNIT 36 명사의 수량 표현(1)

① some

I got some flowers.

1 꽃다발을 받았다고 친구에게 말할 때 "나 꽃을 열 송이 받았어."라고 정확한 수를 말하지는 않겠죠? 이럴 때 쓰는 유용한 말이 some이에요. '약간의', '조금의', '몇몇의'라는 뜻이랍니다.

I got some flowers. 나는 꽃을 몇 송이 받았어.

2 some은 셀 수 있는 명사, 셀 수 없는 명사에 모두 쓸 수 있어요.

I bought some books. 나는 책을 몇 권 샀다. (셀 수 있는 명사)

There is some ice cream. 아이스크림이 좀 있다. (셀 수 없는 명사)

주의! some 뒤에 오는 셀 수 있는 명사는 꼭 복수형으로 써야 해요. 반대로, 셀 수 없는 명사는 복수형으로 쓰면 안 돼요.

⊗ some ~~book~~   ⊗ some ~~ice creams~~

A 그림을 보고, 둘 중에서 알맞은 것을 고르세요.

1

There are some **person / people**.

2

There is **a / some** fruit.

3

There **is / are** some dogs.

4

There is some **bread / breads**.

B 둘 중에서 알맞은 것을 고르세요.

1 There are some **kid / kids** on the playground. 운동장에 아이들이 몇 명 있다.

2 She put some **salt / salts** in the soup. 그 여자는 수프에 소금을 약간 넣었다.

❷ any

1 any는 some의 단짝이에요. some은 긍정문에서, any는 부정문과
의문문에서 주로 사용돼요. '하나(라)도', '조금(이라)도'라는 뜻인데,
굳이 해석하지 않아도 돼요. some처럼 any도 셀 수 있는 명사, 셀 수
없는 명사에 모두 쓸 수 있어요.

I don't have any <u>brothers</u>. 나는 남자 형제가 (하나도) 없다.

Is there any <u>milk</u>? 우유가 (조금이라도) 있나요?

2 not과 any를 합쳐서 no로 쓸 수 있어요. '없는'이라는 의미예요.

  not + any = no

There is no milk in the refrigerator. 냉장고에 우유가 없다.

Is there any milk?

C 다음 문장을 '부정문'으로 바꿀 때, 빈칸에 알맞은 말을 쓰세요.

1 I know some French words. → I don't know _____ French words.

2 She needs some help. → She doesn't need _____ help.

3 He puts some sugar in his tea. → He puts _____ sugar in his tea.

4 I have some friends. → I have _____ friends.

D 둘 중에서 알맞은 것을 고르세요.

1 Do you have **some** / **any** questions? 질문 있나요?

2 I don't have **some** / **any** homework today. 나는 오늘 숙제가 없다.

3 Give the kids **some** / **any** cookies. 그 아이들에게 과자를 좀 줘.

4 **Is** / **Are** there any supermarkets around here? 이 근처에 슈퍼마켓이 있나요?

5 There is **any** / **no** water on the moon. 달에는 물이 없다.

UNIT 37 명사의 수량 표현(2)

① a few와 few

There are few books on the shelves.

1 some과 비슷한 뜻의 표현으로 a few가 있어요. '약간의', '조금의', '몇몇의'라는 뜻이에요. 그런데 some은 셀 수 있는 명사, 셀 수 없는 명사에 모두 쓸 수 있지만, a few는 셀 수 있는 명사에만 쓸 수 있답니다.

There are a few <u>books</u> on the shelves. 책장에 책이 몇 권 있다.

2 a 없이 few만 쓰면 '거의 없는'이라는 의미가 돼요. a few가 약간 '있다'라는 긍정적인 의미라면, few는 거의 '없다'라는 부정적인 의미죠. few도 a few와 마찬가지로 셀 수 있는 명사에만 쓸 수 있어요.

There are few <u>books</u> on the shelves. 책장에 책이 거의 없다.

주의! 셀 수 없는 명사에 a few나 few를 쓰면 안 돼요.

Ⓧ There is ~~a few~~ bread.   Ⓧ There is ~~few~~ bread.

A 우리말과 일치하도록 둘 중에서 알맞은 것을 고르세요.

1 교실에 학생이 몇 명 있었다.

→ There were **a few** / **few** students in the classroom.

2 나는 거기서 사람들을 거의 보지 못했다.

→ I saw **a few** / **few** people there.

3 내 필통 안에 펜이 거의 없다.

→ There are **some** / **few** pens in my pencil case.

4 고은이에게는 좋은 친구가 몇 명 있다.

→ Goeun has **some** / **few** good friends.

B 밑줄 친 부분을 바르게 고쳐 쓰세요.

1 There are a few <u>apple</u> on the table. → _____

2 I had <u>a few</u> bread for breakfast. → _____

❷ a little과 little

1 셀 수 없는 명사에는 a few 대신 a little을 쓸 수 있어요. a little은 '약간의', '조금의'라는 뜻이고, 셀 수 없는 명사에만 쓸 수 있습니다.

The cat drank a little <u>water</u>. 그 고양이는 물을 조금 마셨다.

2 셀 수 없는 명사에 '거의 없는'이라는 표현을 하려면, 관사 a 없이 little만 쓰면 돼요. a few와 few의 셀 수 없는 명사 버전이 a little과 little이라고 생각하면 쉬워요.

The cat drank little <u>water</u>. 그 고양이는 물을 거의 마시지 않았다.

★ few와 little은 우리말로 해석할 때 부정문으로 해석하는 것이 자연스러워요.

주의! 셀 수 있는 명사에 a little이나 little을 쓰면 안 돼요.

❌ I have a little coins.   ❌ I have little coins.

**The cat drank
a little water.**

C 그림을 보고, 둘 중에서 알맞은 것을 골라 빈칸에 써서 문장을 완성하세요.

1

few / little

There is _____ food.

2

a few / little

The man has _____ power.

D 우리말과 일치하도록 둘 중에서 알맞은 것을 고르세요.

1 우리는 시간이 거의 없어. 서두르자. → We have **a little** / **little** time. Let's hurry.

2 병 안에 주스가 조금 있다. → There is **a little** / **a few** juice in the bottle.

3 지난달에 비가 거의 오지 않았다. → We got **a little** / **little** rain last month.

4 나는 가게에서 과일을 조금 샀다. → I bought **a few** / **some** fruit at the store.

5 그 나무에 나뭇잎이 거의 없다. → There are **few** / **little** leaves on the tree.

UNIT 38 명사의 수량 표현(3)

① many

I have many toys.

지금까지는 명사가 '적은' 것을 표현하는 법을 배웠으니 이제는 '많은' 것을 어떻게 표현하는지 살펴볼게요. 셀 수 있는 명사에는 many를 써서 '많은'이라는 뜻을 나타내요. 이미 친숙한 단어지만 셀 수 있는 명사에만 쓸 수 있다는 건 몰랐죠?

I have many toys. 나는 장난감이 많다.

There were many people at the park. 공원에 사람이 많았다.

주의! many 뒤에 오는 셀 수 있는 명사는 꼭 복수형으로 써야 해요.
ⓧ I have many ~~toy~~.

주의! many를 셀 수 없는 명사에 쓰면 안 돼요. 꼭 기억하세요!
ⓧ I have ~~many~~ homework. (셀 수 없는 명사)

A 그림을 보고, 둘 중에서 알맞은 것을 골라 빈칸에 써서 문장을 완성하세요.

1

a few / many

There are _____ leaves.

2

Many / Few

_____ birds are flying.

B 어법상 올바른 문장이면 O 에, 잘못된 문장이면 X 에 표시하세요.

1 I have many friend.   O   X

2 The singer got many presents from his fans.   O   X

3 They ate many chocolate.   O   X

4 Lia is good at many thing.   O   X

5 Tim bought many bread.   O   X

❷ much, a lot of

1   many의 셀 수 없는 명사 버전은 much예요. many와 똑같이 '많은'이
라는 의미이지만 셀 수 없는 명사에만 쓸 수 있어요.

We don't have much <u>time</u>. 우리는 시간이 많지 않아요.

Do you have much <u>homework</u>? 너는 숙제가 많니?

★ much는 긍정문에 잘 쓰이지 않고, 주로 부정문과 의문문에 쓰여요.

2   '많은'이라는 뜻으로 셀 수 있는 명사와 셀 수 없는 명사에 모두 쓸
수 있는 표현이 있어요. 바로 a lot of랍니다. 조금 길긴 해도, 뭘 써야 할
지 헷갈리면 a lot of를 쓰면 되니까 참 편리한 표현이죠?

I have a lot of <u>friends</u>. 나는 친구가 많다. (셀 수 있는 명사)

She drinks a lot of <u>water</u>. 그 애는 물을 많이 마신다. (셀 수 없는 명사)

We don't have much time.

C   그림을 보고, 둘 중에서 알맞은 것을 골라 빈칸에 써서 문장을 완성하세요.

1

little / a lot of

We got _____ snow yesterday.

2

many / much

I didn't get _____ sleep at night.

D   둘 중에서 알맞은 것을 고르세요.

1   Do you have **many / much** free time?

2   I don't have **many / much** money.

3   Jimin drank **many / a lot of** orange juice.

4   Tony knows **a lot of / much** songs.

5   Do you eat **many / much** fruit?

UNIT 39 명사의 수량 표현(4)

① all

All the children are enjoying the party.

1   이번에는 '모든'을 나타내는 표현을 배워 볼게요. all과 every 두 가지가 있는데, 쓰임에 차이가 있어요.

2   all은 '모든', '전부의'라는 뜻이에요. 셀 수 있는 명사와 셀 수 없는 명사에 모두 쓸 수 있어요. 셀 수 있는 명사가 올 때는 당연히 복수형으로 써야겠죠?

All the <u>children</u> are enjoying the party.
모든 아이들이 파티를 즐기고 있다. (셀 수 있는 명사)

The old woman donated all her <u>money</u> to charity.
그 나이 든 여자는 자신의 모든 돈을 자선단체에 기부했다. (셀 수 없는 명사)

A   둘 중에서 알맞은 것을 고르세요.

1   Do you know the names of all your **classmate / classmates**?

2   He spent **all / many** his money on clothes.

3   I love all my **friend / friends**.

B   잘못된 부분을 찾아 문장을 바르게 고쳐 쓰세요. 고칠 필요가 없으면 'OK'라고 쓰세요.

1   Ms. Keaton read all the book in her house.

→ _____

2   Mathew answered all the questions correctly.

→ _____

3   All the students is going to the festival.

→ _____

❷ every

1 every도 '모든'이라는 뜻입니다. 그런데 all과 달리 every는 셀 수 있는 명사에만 쓸 수 있어요. 셀 수 없는 명사에는 쓰면 안 돼요.

I know every student at my school.

나는 우리 학교의 모든 학생을 안다.

ⓧ I did every ~~homework~~.

2 중요한 점! '모든'은 복수를 뜻하지만, every는 뒤에 단수 명사가 와야 해요. 하나 하나가 모인 상태를 강조하는 말이라서 그래요. 'every+명사'가 주어일 경우 뒤의 동사와 대명사도 단수로 써야 해요.

Every country has its own flag. 모든 나라는 고유의 국기가 있다.

ⓧ Every ~~countries have their~~ flag.

Every country has its own flag.

C 둘 중에서 알맞은 것을 고르세요.

1 I know **all** / **every** country in the world.

2 Ed likes **all** / **every** song by BTS.

3 **All** / **Every** person is different.

4 My sister likes **all** / **every** animals.

D 어법상 올바른 문장이면 O 에, 잘못된 문장이면 X 에 표시하세요.

1 Every children are cute.   O   X

2 We drank every water.   O   X

3 Every superhero have a special power.   O   X

4 Every teacher at my school is kind.   O   X

5 I read every messages on my phone.   O   X

A 그림을 보고, 둘 중에서 알맞은 것을 고르세요.

1

There is **a few** / **some** milk.

2

I have **many** / **much** coins.

3

There is **few** / **little** power.

4

There are **few** / **little** cans.

B 보기 와 같이 'all'을 'every'로 바꾸어서 문장을 다시 쓸 때, 빈칸에 알맞은 말을 쓰세요.

보기   All the students like Allison. → Every <u>student</u> <u>likes</u> Allison.

1 All trees need water.

→ Every _____ water.

2 All colors are different.

→ Every _____ different.

3 All flowers are beautiful.

→ Every _____ beautiful.

4 Do all animals sleep?

→ _____ every _____ sleep?

5 Why do all dogs love bones?

→ Why _____ every _____ love bones?

C 잘못된 부분을 찾아 문장을 바르게 고쳐 쓰세요.

1 We didn't get many snow last winter. 지난 겨울에 눈이 많이 오지 않았다.

→ _____

2 He reads little books. 그는 책을 거의 읽지 않는다.

→ _____

3 Mr. Kane cares about every students. 케인 선생님은 모든 학생에게 관심을 주신다.

→ _____

D 우리말에 맞게 둘 중에서 알맞은 것을 고르세요.

1 제이미는 친구가 많다.　　　→ Jamie has **some** / **many** friends.

2 나는 모든 종류의 음악을 좋아한다.　→ I like **all** / **every** kinds of music.

3 공원에 사람들이 좀 있었니?　　→ Were there **few** / **a few** people at the park?

4 그들은 영화를 많이 본다.　　　→ They see **much** / **a lot of** movies.

E 다음 대화를 읽고, 빈칸에 알맞은 말을 아래 상자에서 골라 쓰세요. (중복 사용 가능)

some	any	all	no

Claire: Let's make sandwiches. Is there ¹_____ bread?

Bob: Yes, there is. What's in the fridge?

Claire: Hmm... There are ²_____ sausages.

Bob: Good. We can make sausage sandwiches. Is there
³_____ chicken?

Claire: No. There is ⁴_____ chicken. We ate ⁵_____
the chicken last night.

Bob: Okay. Is there ⁶_____ milk?

Claire: Yes, there is.

*fridge: 냉장고 | sausage: 소시지

UNIT 40 재귀 대명사

① 재귀 대명사 개념, 단수 형태

I love myself.

1 '나 자신', '너 자신' 이런 대명사를 재귀 대명사라고 해요. '스스로를 다시 부르는 대명사'라는 뜻입니다. 재귀 대명사의 형태는 인칭 대명사의 '소유격/목적격+self'입니다. self는 '자신', '스스로'를 뜻해요.

> **myself** 나 자신   **yourself** 너 자신   **himself** 그 자신
> **herself** 그녀 자신   **itself** 그것 자체

> **I love myself.** 나는 나 자신을 사랑한다.
>
> **Junwoo was proud of himself.** 준우는 스스로가 자랑스러웠다.

2 그럼 어떤 경우에 재귀 대명사를 쓸까요? 주어와 목적어가 같을 때는 재귀 대명사를 쓰고, 다를 때는 인칭 대명사의 목적격을 쓰면 돼요.

A 빈칸에 알맞은 재귀 대명사를 쓰세요.

1

May I introduce _____?

2

The boy hurt _____.

3

Jenny gave _____ a gift.

4

The cat saw _____.

B 우리말에 맞게 둘 중에서 알맞은 것을 고르세요.

1 나는 자전거에서 떨어져서 다쳤다. → I fell off my bike and hurt **me / myself**.

2 가끔 짐(Jim)은 혼잣말을 한다. → Sometimes Jim talks to **him / himself**.

② 복수 형태

1 재귀 대명사가 복수를 나타내면 self도 selves로 복수 형태가 돼요.

> **ourselves** 우리 자신   **yourselves** 너희 자신
> **themselves** 그들 자신

We introduced ourselves. 우리는 자기소개를 했다.

2 자주 쓰이는 재귀 대명사 표현을 알아 두세요.

> **enjoy+재귀 대명사** 즐거워하다, 즐거운 시간을 보내다
> **help+재귀 대명사** 마음껏 먹다/마시다   **by+재귀 대명사** 혼자

They are enjoying themselves. 그들은 즐거운 시간을 보내고 있다.

They are enjoying themselves.

C 둘 중에서 알맞은 것을 골라 빈칸에 써서 문장을 완성하세요.

1

us / ourselves

> We took a photo of _____.

2

yourself / yourselves

> Please help _____, kids!

D 우리말에 맞게 빈칸에 알맞은 말을 쓰세요. (재귀 대명사를 포함할 것)

1 그들은 그 파티에서 즐거운 시간을 보냈다.

→ They _____ at the party.

2 음료는 무료여서 우리는 마음껏 마셨다.

→ The drinks were free, so we _____.

3 언니는 혼자 여행을 갔다.

→ My sister went on a trip _____.

UNIT 41 비인칭 주어 *it*

① 시간, 날짜, 요일

It's Friday!

영어는 주어를 꼭 써야 하는데, 주어를 쓰면 이상한 경우가 있어요. 시간, 날짜, 요일 같은 것을 말할 때, "나는 5시야", "책상은 일요일이다"라고 하면 어색하죠? 이럴 때, 주어의 빈자리를 채우는 용도로 아무 뜻이 없는 it이 쓰여요. 이런 it을 비인칭 주어라고 해요.

주의! 비인칭 주어 it을 '그것이/그것은'이라고 해석하지 않아요.

What time is it now? – It's 5 o'clock. 지금 몇 시지? – 5시 정각이야. **(시간)**

What's the date today? – It's May 1. 오늘 며칠이지? – 5월 1일이야. **(날짜)**

What day is it today? – It's Friday! 오늘 무슨 요일이지? – 금요일이야! **(요일)**

It's my birthday today. 오늘 내 생일이야. **(특별한 날)**

A 그림을 보고, 빈칸에 알맞은 말을 써서 주어진 질문에 대한 대답을 완성하세요.

1
TUE

Q: What day is it today?

A: _____ is Tuesday.

2

Q: What time is it?

A: _____ 5:30.

3
MARCH 10

Q: What's the date today?

A: _____ is March 10.

4

Q: What time is it?

A: _____ 11 PM.

B 밑줄 친 'It'이 인칭 대명사 인지 비인칭 주어 인지 표시하세요.

1 <u>It</u> is Monday. We have to go to school.　　　　인칭 대명사　　비인칭 주어

2 <u>It</u>'s 12. Let's have lunch.　　　　인칭 대명사　　비인칭 주어

3 I had a test today. <u>It</u> was difficult.　　　　인칭 대명사　　비인칭 주어

4 <u>It</u>'s my birthday today!　　　　인칭 대명사　　비인칭 주어

❷ 거리, 명암, 날씨

거리, 명암, 날씨 같은 것을 말할 때도 주어를 쓰면 이상해요. "너는 10km 다", "나는 깜깜하다", "책은 비 온다", 말이 안 되죠? 이 때 해결사로 비인칭 주어 it을 씁니다. 이때 it을 '그것은'이라고 해석하지 않아요.

How far is it from here to your house? – It's 3 km.
여기서부터 너희 집까지 얼마나 멀지? – 3킬로미터 거리야. (거리)

It's dark in this room. Let's turn on the light.
이 방 안은 어둡다. 불을 켜자. (명암)

It's sunny and warm today. 오늘은 화창하고 따뜻하다. (날씨)

It will be cloudy tomorrow. 내일은 흐릴 것이다. (날씨)

★ 시제에 맞춰 동사 형태를 알맞게 바꿔 줘야 해요.

It's sunny and warm today.

C 어울리는 질문과 대답을 연결하세요.

1 Is it far from here to the station? •   • a Yes. It's bright in the house.

2 Did you enjoy the trip to London? •   • b No. It was rainy every day.

3 Do you like your new house? •   • c No. It's only 1 km.

4 Does it often snow in Canada? •   • d Yes. It snows very often.

D 주어진 문장을 우리말로 해석하세요.

1 It's not far from my house to my school.

→ _____

2 It's very dark in this café.

→ _____

3 It was rainy and windy yesterday.

→ _____

A 빈칸에 알맞은 재귀 대명사를 쓰세요.

1 Angelina had a good time in France. She enjoyed _____.

2 My brother is selfish. He only thinks about _____. *selfish: 이기적인

3 Tom, I really like you. Tell me about _____.

4 My grandmother lives by _____, so I often visit her.

5 I cooked some steak for my friends. They helped _____ to the steak.

6 My sister hurt _____ while she was playing basketball.

B 시제에 주의하여 빈칸에 알맞은 말을 써서 문장을 완성하세요.

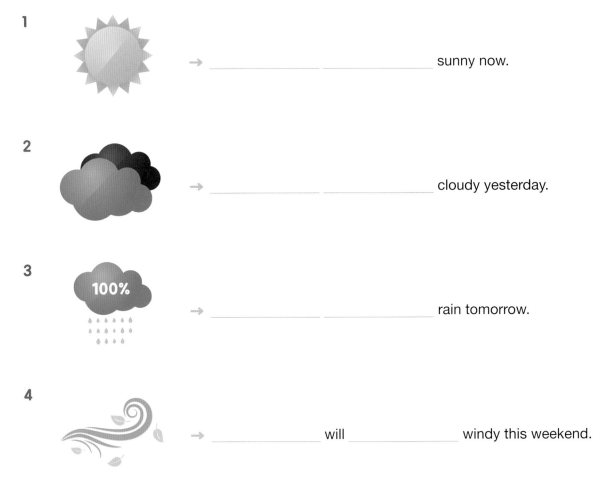

1 → _____ _____ sunny now.

2 → _____ _____ cloudy yesterday.

3 → _____ _____ rain tomorrow.

4 → _____ will _____ windy this weekend.

C 우리말과 일치하지 않는 부분을 찾아 문장을 바르게 고쳐 쓰세요.

1 너희는 너희 자신을 돌보아야 한다. You must take care of yourself.

→ _____

2 예린이는 축구를 하는 동안 다쳤다. Yerin hurt her while she was playing soccer.

→ _____

3 시간이 늦었어. 이제 집에 가자. It be late. Let's go home now.

→ _____

D 단어의 순서를 맞춰 문장을 만들어 보세요.

1 was | 12:30 | when | I | home. | It | got 내가 집에 왔을 때 12시 30분이었다.

→ _____

2 I | myself | very | love | much. 나는 나 자신을 많이 사랑한다.

→ _____

3 Thursday | Is | it | Friday | today? | or 오늘이 목요일이니 아니면 금요일이니?

→ _____

E 태린(Taerin)이가 엄마를 소개하는 글을 읽고, 괄호 안에서 알맞은 표현을 고르세요.

Hi. I'm Taerin. This is my mom. She is a cook. She works at a big restaurant. She is really busy. She sometimes cuts [1] (**her** / **herself**) while she cooks. She comes home late at night. But she enjoys [2] (**her** / **herself**) at work. She is proud of [3] (**her** / **herself**). I'm also very proud of [4] (**her** / **herself**). I love [5] (**her** / **herself**) so much.

CHAPTER REVIEW

01 다음 중 빈칸에 'some'이 들어갈 수 없는 것은? 2점

① I have _____ grape juice.

② There are _____ toys in the box.

③ I got _____ correct answers.

④ There is _____ water.

⑤ I have _____ cousin.

02 다음 중 밑줄 친 부분이 어법상 어색한 문장을 고르세요. 2점

① I don't have <u>some</u> time right now.

② I need <u>some</u> help with my homework.

③ She doesn't have <u>any</u> tests tomorrow.

④ Do you have <u>any</u> money now?

⑤ My dad bought me <u>some</u> candies.

[03~04] 두 문장의 빈칸에 공통으로 들어갈 수 있는 것을 고르세요. 각 2점

03
- I have _____ questions.
- I don't have _____ homework today.

① some
② many
③ much
④ a few
⑤ a lot of

04
- I have _____ pens.
- They bought _____ apples.

① much
② every
③ a little
④ a few
⑤ little

05 다음 중 어법상 어색한 문장을 고르세요. 2점

① I have little money.

② He doesn't have much time today.

③ Do you have any problems?

④ The baby doesn't want some milk.

⑤ John got some flowers.

06 밑줄 친 부분이 어법상 어색한 문장을 모두 고르세요. 2점

① Do you have <u>a little</u> bread?

② She asked me <u>many</u> questions.

③ I have <u>little</u> time.

④ Jane has <u>a few</u> money.

⑤ I have <u>much</u> friends.

07 다음 문장과 같은 의미의 문장을 고르세요. 2점

I don't have any brothers.

① I don't have many brothers.

② I don't have a lot of brothers.

③ I have no brothers.

④ I have few brothers.

⑤ I have a few brothers.

08 다음 우리말을 영어로 올바르게 옮긴 문장을 고르세요. 2점

> 지난달에 비가 거의 오지 않았다.

① We got no rain last month.
② We got few rain last month.
③ We got a few rain last month.
④ We got little rain last month.
⑤ We got a little rain last month.

09 다음 일기의 밑줄 친 ⓐ~ⓔ 중 어법상 어색한 것을 고르세요. 3점

Today, I went to the amusement park with ⓐ some friends. There were ⓑ many people, so we had to wait for a long time. We rode on just ⓒ a little rides. We ate ⓓ some hotdogs. I put ⓔ a lot of ketchup on my hotdog.

*ride: 놀이 기구

① ⓐ ② ⓑ
③ ⓒ ④ ⓓ
⑤ ⓔ

10 주격 대명사와 재귀 대명사가 잘못 짝지어진 것은? 2점

① I – myself ② he – himself
③ she – herself ④ we – ourself
⑤ they – themselves

11 우리말을 올바르게 영작한 것을 고르세요. 2점

① 제 소개를 해도 될까요?
→ May I introduce me?
② 너희들 좋은 시간 보내!
→ Enjoy yourself!
③ 그는 독학할 수 있다.
→ He can teach himself.
④ 이 사진에서 나를 못 찾겠어요.
→ I can't find me in this photo.
⑤ 우리는 뷔페에서 마음껏 먹었다.
→ We helped us at the buffet.

12 빈칸에 공통으로 들어갈 말로 알맞은 것은? 2점

- _____ snowed a lot yesterday, so I made a snowman.
- I'm happy because _____ is Friday today.
- _____ is not far from my house to the park.

① It[it] ② That[that]
③ This[this] ④ What[what]
⑤ When[when]

13 밑줄 친 'It'이 비인칭 주어가 아닌 것을 고르세요. 2점

① Stay warm. It's very cold today.
② Don't touch the pot. It's very hot.
③ Take your umbrella. It may rain later.
④ Turn on the light. It's dark here.
⑤ I have to go home early. It's my mom's birthday.

14 괄호 안의 단어들 중 <u>필요한 것만</u> 골라 우리말 문장을 영작하세요. (필요 없는 것은 사용하지 말 것) 각 4점

(1) 앨리슨(Allison)은 콜라를 거의 마시지 않는다. (coke / drinks / Allison / little / doesn't)

→ _____

(2) 그 노인은 혼자 산다. (old / the / lives / man / by / him / himself)

→ _____

15 우리말과 일치하도록 문장에서 잘못된 부분을 찾아 바르게 고쳐 문장을 다시 쓰세요. 각 3점

(1) Is there many bread in the basket? 바구니 안에 빵이 많이 있니?

→ _____

(2) She bought her a present. 그녀는 자신에게 선물을 사 주었다.

→ _____

16 그림을 보고, 어제, 오늘, 내일의 날씨를 나타내는 문장을 완성하세요. (빈칸 개수에 맞게 작성) 각 3점

(1) _____ _____ _____ yesterday.

(2) _____ _____ today.

(3) _____ _____ tomorrow.

01 some은 '[ ]의', '조금의', '몇몇의'라는 뜻으로 셀 수 있는 명사와 셀 수 [ ] 명사에 모두 쓸 수 있다. some은 주로 [ ]에 쓰고, 부정문과 의문문에서는 [ ]를 쓴다.

02 not과 any를 합쳐서 [ ]로 쓸 수 있다. '없는'이라는 뜻이다.

03 a few는 [ ]과 같이 '약간의, 조금의, 몇몇의'라는 뜻이다. a 없이 그냥 [ ]만 쓰면 '[ ] 없는'이라는 뜻이 된다. a few와 few는 셀 수 [ ] 명사에만 쓸 수 있다.

04 셀 수 없는 명사에는 a few 대신 a [ ]을 쓰고, few 대신 [ ]을 쓴다.

05 '많은'이라는 의미로, 셀 수 있는 명사에는 [ ]를, 셀 수 없는 명사에는 [ ]를 쓴다. a [ ] of는 둘 다 가능하다.

06 all과 every는 '[ ]'이라는 뜻이다. every는 셀 수 [ ] 명사에만 쓸 수 있고, 뒤에 [ ] 명사가 온다.

07 [ ] 대명사는 '~ 자신'이라는 뜻이다. 인칭 대명사의 목적격 또는 소유격 뒤에 −[ ]를 붙인다. 복수 재귀 대명사는 뒤에 −[ ]를 붙인다.

08 [ ] 주어 [ ]은 아무 뜻 없이 쓰는 주어로, '시간, 날짜, 요일, 거리, 명암, [ ]'를 표현할 때 쓴다.

Chapter 8

to부정사·동명사

to부정사

to+동사원형

명사적 용법

to부정사가 명사로 변신!
문장에서 주어, 보어,
목적어로 쓰여요.

형용사적 용법

to부정사가 형용사로 변신!

부사적 용법

to부정사가 부사로 변신!

I want to ride on that.

목적어
(명사적 용법)

준동사

> 동사가 명사, 형용사, 부사 등의 다른 품사로 변신하는 것

동명사

> '동사-ing' 형태로 명사의 역할을 해요. 문장에서 주어, 보어, 목적어로 쓰여요.

분사

> 형용사의 역할을 해요. 현재분사와 과거분사가 있어요.

We enjoy swimming.

목적어 (동명사)

UNIT 42 to부정사(1)

① to부정사 개념

I want to go home.

1 'to부정사'라는 말이 어렵죠? 잘 살펴보면 그렇게 어렵지 않아요. 'to'는 to로 시작한다는 것이고, '부정사'는 아닐 '부(不)', 정할 '정(定)', '품사' 할 때 '사(詞)'예요. 즉 to로 시작하는, 정해지지 않은 품사라는 뜻이죠. 품사가 정해져 있지 않다는 말은 무슨 뜻일까요? 원래는 동사인데, 문장에서 명사, 형용사, 부사의 역할을 한다는 거예요. 마치 카멜레온처럼, 명사 자리에 가면 명사로 변신하고 명사처럼 해석되는 거죠!

I want to go home. 나는 집에 가기를 원한다. (가기 – 명사)

He hates to cook. 그는 요리하는 것을 싫어한다. (요리하는 것 – 명사)

2 to부정사의 형태는 'to+동사원형'이에요.

Hyorim likes to sing. 효림이는 노래하는 것을 좋아한다.
to + 동사원형

A 그림과 우리말 뜻에 맞는 to부정사 표현을 쓰세요.

1

달리기

2
자는 것

3

수영하기

4
공부하는 것

B 주어진 문장을 우리말로 해석할 때 빈칸에 알맞은 말을 쓰세요.

1 He wants to go to the beach.　➡ 그는 바닷가에 ＿＿＿＿＿＿＿＿＿을[를] 원한다.

2 I like to listen to music.　➡ 나는 음악 ＿＿＿＿＿＿＿＿＿을[를] 좋아한다.

❷ 목적어 역할을 하는 to부정사

1 to부정사가 **명사**로 변신하는 경우를 살펴볼게요. 명사는 문장에서 주어, 목적어, 보어 역할을 하는데, to부정사가 가장 자주 맡는 역할은 **목적어**랍니다. '~하는/할 것을' 또는 '~하기를'이라고 해석해요.

<u>Jay</u> <u>likes</u> <u>to play soccer.</u> 제이는 축구 하는 것을 좋아한다.
주어   동사   목적어

Day 1

I decided to study hard.

2 to부정사가 목적어로 쓰이는 대표적인 동사들을 알아 두세요.

like 좋아하다	love 정말 좋아하다	want 원하다
decide 결심하다	plan 계획하다	need 필요로 하다
hope 바라다	learn 배우다	promise 약속하다

<u>I decided</u> to study hard. 나는 열심히 공부하기로 결심했다.

C 둘 중에서 알맞은 것을 고른 후, 문장을 우리말로 해석하세요.

1 Ann wants **to drink** / **drinks** apple juice.

➜ _____

2 They hope **visit** / **to visit** Jeju-do next year.

➜ _____

3 You need **to wear** / **wear** your coat.

➜ _____

D 우리말 뜻에 맞게 빈칸에 알맞은 to부정사 표현을 쓰세요.

1 내 아들은 친구들과 놀고 싶어 한다.

➜ My son wants _____ with his friends.

2 아빠는 내게 자전거를 사 주기로 약속하셨다.

➜ Dad promised _____ me a bike.

① '~하기 위해'의 뜻으로 쓰이는 to부정사

카멜레온 같은 to부정사는 부사로도 자주 변신해요. 굉장히 바쁜 to부정사 죠? 부사 역할도 한 가지가 아니라 여러 가지가 있어요. 그런데 가장 자주 하는 역할은 '~하기 위해', '~하려고'라는 뜻으로 쓰이는 것이랍니다. 내가 가게에 갔다면 왜 갔을까요? 무언가를 사기 위해 갔겠죠. 이렇게 to부정사는 어떤 행동의 목적을 나타내는 데 쓰여요.

I went to the shop to buy a pen. 나는 펜을 사기 위해 가게에 갔다.
　　　　행동　　　　　　　목적

He ran to catch the bus. 그는 버스를 잡기 위해 뛰었다.
　행동　　목적

I put on my coat to go out. 나는 밖에 나가려고 코트를 입었다.
　　　행동　　　　목적

He ran to catch the bus.

A 그림을 보고, 괄호 안의 동사를 빈칸에 알맞은 형태로 쓴 후, 문장을 해석하세요.

1 (buy)

I went to the shop _____ a sandwich.

→ _____

2 (get)

I waited in line _____ on the bus.

→ _____

B 우리말 뜻에 맞게 괄호 안의 동사를 활용해서 빈칸에 알맞은 to부정사 표현을 쓰세요.

1 젠은 수영하기 위해 수영장에 갔다. (swim)　→ Jen went to the pool _____.

2 나는 공부하기 위해 도서관에 갔다. (study)　→ I went to the library _____.

3 그는 쉬기 위해 집에 있었다. (rest)　→ He stayed at home _____.

4 나는 안부를 전하려고 팀에게 전화했다. (say)　→ I called Tim _____ hello.

② to부정사의 부정

to부정사에 not을 붙여서 부정 형태로 만들 수 있어요. 이때 not의 위치가 중
요한데, to부정사 앞에 not을 붙여야 해요. 다음 두 가지 의미로 해석돼요.

① '~하지 않을 것을', '~하지 않기로'

He promised not to sell his house.
그는 집을 팔지 않기로 약속했다.

⊗ He promised ~~to not sell~~ his house.

Allison decided not to see him anymore.
앨리슨은 그를 더 이상 만나지 않기로 결심했다.

② '~하지 않기 위해'

We hurried not to be late. 우리는 늦지 않기 위해 서둘렀다.

Allison decided not to see him anymore.

C 주어진 문장을 우리말로 해석하세요.

1

I decided not to eat hamburgers.

→ _____

2

Be careful not to slip.

→ _____

D 문장의 밑줄 친 부분을 바르게 고치세요. 고칠 필요가 없으면 'OK'라고 쓰세요.

1 The boy promised <u>not play</u> games. → _____

그 남자아이는 게임을 하지 않기로 약속했다.

2 Stay warm <u>not to catch</u> a cold. → _____

감기 걸리지 않도록 몸을 따뜻하게 해.

3 We talked quietly <u>to not wake</u> the baby. → _____

우리는 아기를 깨우지 않으려고 조용히 얘기했다.

A 보기와 같이 우리말에 해당하는 영어 표현을 쓰세요.

보기 | 먹다 = eat | 먹기, 먹는 것 = to eat

1 자다 = _____ 자기, 자는 것 = _____

2 놀다 = _____ 놀기, 노는 것 = _____

3 노래하다 = _____ 노래하기, 노래하는 것 = _____

B (A)의 '행동'과 (B)의 '목적'이 자연스럽게 이어지도록 연결하세요.

1 I turned on the TV •　　　• a to get some fresh air.

2 Lucy went out •　　　• b to get up early the next day.

3 He went to the market •　　　• c to watch the news.

4 We went to bed early •　　　• d to buy some vegetables.

C 주어진 표현을 이용해서 보기와 같이 문장을 만드세요.

보기 | Amy + likes + play basketball → Amy likes to play basketball.

1 I + want + buy new clothes

→ _____

2 Minwoo + plans + learn Chinese

→ _____

3 My parents + promised + get a dog

→ _____

4 Alice + decided + not + go to the party

→ _____

D 문장에서 잘못된 부분을 찾아 바르게 고쳐 문장을 다시 쓰세요.

1 She tried to not fall asleep. 그 애는 잠들지 않기 위해 노력했다.

→ _____

2 The children need drink some water. 그 아이들은 물을 좀 마셔야 한다.

→ _____

3 I turned the light off go to bed. 나는 자러 가기 위해 불을 껐다.

→ _____

E 단어의 순서를 맞춰 문장을 만들어 보세요.

1 wants | He | some pizza. | to | eat   → _____

2 I | to | books. | like | read | comic   → _____

3 soda? | Do you | want | drink | to   → _____

4 I | see | her | not | to | hope | again.   → _____

5 set his alarm | He | to | early. | get up   → _____

F 샐리(Sally)의 새해 결심을 적은 메모를 보고, 빈칸에 알맞은 말을 써서 문장을 완성하세요.

New Year's Resolutions

Read more books!   Save money!   Don't drink coke!   Help others!

1 Sally plans _____ more books.

2 She needs _____ money.

3 She decided _____ coke.

4 She wants _____ others.

*resolution: 결심 | save: 절약하다

UNIT 44 동명사(1)

① 동명사 개념

I like playing basketball.

1. 동명사는 '동사명사'의 줄임말이라고 생각하면 돼요. 말 그대로, 동사를 명사로 바꾼 것입니다. 그러니까 동명사는 명사 역할만 하는 것이죠. '~하는 것', '~하기'라고 해석해요.

   I like playing basketball. 나는 농구 하는 것을 좋아한다.

2. 동명사는 동사원형에 -ing를 붙인 '동사-ing' 형태예요. 진행형과 똑같다고요? 맞아요! '동사-ing'를 만드는 규칙도 진행형과 같아요.

   ★ '동사-ing' 만드는 규칙이 잘 기억나지 않으면 63쪽을 다시 보세요.

   구별법! '~하는 것'으로 해석되면 동명사, '~하는 중이다'로 해석되면 진행형!

   Jessie likes skiing. 제시는 스키 타는 것을 좋아한다. (동명사)

   Jessie is skiing now. 제시는 지금 스키 타는 중이다. (진행형)

A 밑줄 친 단어의 우리말 뜻으로 알맞은 것을 고르세요.

1

☐ 놀다
☐ 놀기

He likes <u>playing</u> with his dog.

2

☐ 공부하는 것
☐ 공부하다

She doesn't like <u>studying</u>.

3

☐ 점프하는 것
☐ 점프하는 중이다

The children <u>are jumping</u>.

4

☐ 노래하는 것
☐ 노래하는 중이다

They like <u>singing</u>.

B 괄호 안의 단어를 빈칸에 동명사 형태로 쓰세요.

1 I like _____ pictures. (paint) 나는 그림 그리는 것을 좋아한다.

2 Solbi doesn't like _____. (lie) 솔비는 거짓말하는 것을 좋아하지 않는다.

② 목적어 역할을 하는 동명사

1 동명사는 명사 역할을 하니까 문장에서 주어, 목적어, 보어로 쓰일 수 있는데, to부정사와 마찬가지로 가장 자주 맡는 역할은 목적어예요. 해석도 to부정사와 같아요. '~하는 것을', '~하기를'이라고 해석해요.

<u>I love reading comic books.</u> 나는 만화책 읽는 것을 정말 좋아한다.
주어 동사   목적어

2 동명사가 목적어로 쓰이는 대표적인 동사들을 다음 단원에서 배울 텐데, 아래 동사들은 to부정사를 써도 되고 동명사를 써도 돼요.

like 좋아하다	love 정말 좋아하다	prefer 더 좋아하다
hate 싫어하다	start 시작하다	begin 시작하다

I love reading comic books.

I love reading comic books. = I love to read comic books.

C 문장을 우리말로 해석하세요.

1

We love traveling.

→ _____

2

The boy hates brushing his teeth.

→ _____

D 우리말 뜻에 맞게 빈칸에 알맞은 단어를 쓰세요. (빈칸 개수에 맞도록 주의할 것)

1 나는 자전거 타는 것을 좋아한다. → I _____ _____ my bike.

2 톰은 춤추는 것을 좋아하지 않는다. → Tom _____.

3 베티는 쇼핑하는 것을 정말 좋아한다. → Betty _____.

4 너는 요리하는 것을 싫어한다. → You _____.

5 갑자기, 눈이 내리기 시작했다. → Suddenly, it _____.

UNIT 45 동명사(2)

① enjoy/finish+동명사

She doesn't enjoy studying.

앞에서 like, love, start 등은 to부정사와 동명사 둘 다 목적어로 가능하다고 배웠어요. 그런데 목적어로 'to부정사만' 가능한 동사들도 있고, '동명사만' 가능한 동사들도 있어요. '동명사만' 가능한 동사가 훨씬 적기 때문에 이 친구들을 외우는 것이 똑똑한 공부법이겠죠?

① enjoy+동명사: ~하는 것을 즐기다, 즐거워하다

I enjoy chatting in English. 나는 영어로 수다 떠는 것을 즐긴다.

She doesn't enjoy studying. 그 애는 공부하는 것을 즐기지 않는다.

② finish+동명사: ~하는 것을 끝내다

I finished doing my homework. 나는 숙제하는 것을 끝냈다.

He finished washing his car. 그는 세차하는 것을 끝냈다.

A 둘 중에서 어법상 올바른 표현을 고르세요. (둘 다 가능한 것도 있음)

1 Grandpa likes **to take** / **taking** a walk. 할아버지는 산책 가는 것을 좋아하신다.

2 He finished **to write** / **writing** an email. 그는 이메일 쓰는 것을 끝냈다.

3 My dog enjoys **to bathe** / **bathing**. 내 개는 목욕하는 것을 즐긴다.

4 Rob loves **listening** / **to listen** to music. 롭은 음악 듣는 것을 정말 좋아한다.

B 우리말 뜻에 맞게 빈칸에 알맞은 표현을 쓰세요.

1 이브는 피아노 치는 것을 즐긴다. → Eve _____ _____ the piano.

2 그 여자는 일하는 것을 끝냈다. → She _____ _____.

3 나는 수다 떠는 것을 즐기지 않는다. → I don't _____ _____.

4 아빠는 설거지를 끝내셨다. → Dad _____ _____ the dishes.

❷ stop/give up/practice+동명사

'동명사만' 목적어로 가능한 동사들을 계속 살펴볼게요.

③ stop+동명사: ~하는 것을 그만두다, 멈추다

Stop playing **computer games**. 컴퓨터 게임 하는 것 그만둬.

It stopped raining. 비가 그쳤다.

④ give up+동명사: ~하는 것을 포기하다

Don't give up following **your dreams.**
네 꿈을 좇는 것을 포기하지 마.

⑤ practice+동명사: ~하는 것을 연습하다

The children practiced writing **their names.**
그 아이들은 자기 이름을 쓰는 것을 연습했다.

**It stopped
raining.**

C 둘 중에서 어법상 올바른 표현을 고른 후, 문장 해석을 완성하세요.

1 Ken stopped **to study** / **studying** when his phone rang.

  ➡ 켄은 전화가 울렸을 때 _____.

2 The singer gave up **sing** / **singing** when he was 23.

  ➡ 그 가수는 23살이었을 때 _____.

3 Sejin practiced **playing** / **to play** the piano for two hours.

  ➡ 세진이는 두 시간 동안 _____.

D 우리말 뜻에 맞게 빈칸에 알맞은 표현을 쓰세요.

1 나는 와이파이를 찾을 수 없어서 인터넷을 사용하기를 포기했다.

  ➡ I couldn't find any wi-fi, so I gave up _____ the Internet.

2 밖이 시끄러웠지만, 켈리는 공부하는 것을 멈추지 않았다.

  ➡ It was noisy outside, but Kelly didn't _____ _____ .

A 둘 중에서 알맞은 것을 고르세요.

1

Martha likes **cook** / **cooking**.

2

Our cat loves **eating** / **eat**.

3

He practices **speaks** / **speaking** English.

4

It stopped **to rain** / **raining**.

B 우리말 뜻에 맞게 상자 안의 단어를 알맞은 형태로 바꿔 빈칸을 채우세요.

play	paint	eat	do	win

1 나는 축구 하는 것을 정말 좋아한다.

→ I love _____ soccer.

2 내 여동생은 야채 먹는 것을 좋아하지 않는다.

→ My sister doesn't like _____ vegetables.

3 그 학생들은 그림 그리는 것을 끝냈다.

→ The students finished _____ pictures.

4 그 팀은 경기를 이기는 것을 포기했다.

→ The team gave up _____ the game.

5 나윤이는 전화를 받으려고 숙제하는 것을 멈췄다.

→ Nayun stopped _____ her homework to answer the phone.

C 문장에서 잘못된 부분을 찾아 바르게 고쳐 문장을 다시 쓰세요.

1 He gave up to exercise every day. 그는 매일 운동하는 것을 포기했다.

→ _____

2 The students stopped to talk when the teacher came in.
선생님이 들어오시자 학생들은 이야기하는 것을 멈췄다.

→ _____

3 I really enjoyed to talk to you. 당신과 이야기하는 것이 정말 즐거웠습니다.

→ _____

D 단어의 순서를 맞춰 문장을 만들어 보세요.

1 movies | watching | love | I | .   → _____

2 She | noodles | eating | likes | .   → _____

3 solving | the problem | He | finished | .   → _____

4 I | enjoy | K-pop songs | singing | .   → _____

E 다음은 여러 가지 활동에 대한 민서(Minseo)의 선호도를 나타낸 것이다. 표에 따라 빈칸에 알맞은 말을 써서 문장을 완성하세요. (동명사를 사용할 것)

= love   = enjoy   = doesn't enjoy   = hate

swim	dance	wash the dishes	visit the dentist

1 What does Minseo love doing?   → She _____ .

2 What does Minseo enjoy doing?   → She _____ .

3 What does Minseo not enjoy doing?   → She _____ .

4 What does Minseo hate doing?   → She _____ .

01 다음 중 to부정사에 대한 설명으로 옳은 것을 <u>모두</u> 고르세요. 2점

① to부정사의 형태는 'to+동사원형'이다.

② to부정사는 명사 역할만 한다.

③ to부정사가 명사 역할을 할 때는 목적어 역할만 한다.

④ to부정사가 '~하기 위해'라고 해석될 때는 부사 역할을 한다.

⑤ to부정사의 to는 생략해도 된다.

02 밑줄 친 to부정사의 역할이 주어진 문장과 같은 것을 고르세요. 2점

> She studied hard <u>to pass</u> the exam.

① Hyemin decided <u>to get</u> up early.

② They need <u>to rest</u>.

③ I want <u>to go</u> home.

④ We plan <u>to study</u> abroad.

⑤ I called him <u>to say</u> hi.

*abroad: 해외에서

03 밑줄 친 부분이 동명사가 <u>아닌</u> 것을 고르세요. 2점

① I like <u>listening</u> to music.

② He is <u>sending</u> a message.

③ We enjoy <u>swimming</u> in the pool.

④ Allison enjoys <u>teaching</u> English.

⑤ They don't like <u>playing</u> baseball.

04 다음 우리말을 영작할 때, 앞에서 <u>3번째</u>로 오는 단어는? 2점

> 우리는 텔레비전을 보고 싶다.

① want   ② to

③ we   ④ TV

⑤ watch

05 다음 우리말을 바르게 영작한 것을 고르세요. 3점

> 나는 기타를 사려고 저금했다.

① I saved money buying a guitar.

② I saved money for buy a guitar.

③ I saved money to buy a guitar.

④ I buy a guitar to save money.

⑤ I bought a guitar to save money.

[06~07] 주어진 문장을 우리말과 같은 뜻으로 바꾸어 쓸 때, 'not'이 들어갈 알맞은 위치를 고르세요. 각 2점

06
> 너는 아프지 않기 위해 손을 씻어야 한다.
> → You must ① wash ② your hands ③ to ④ get ⑤ sick.

07
> 나는 새 전화기를 사지 않기로 결심했다.
> → I ① decided ② to ③ buy ④ a new phone ⑤.

08 밑줄 친 부분의 우리말 해석이 적절하지 않은 것을 고르세요. 3점

① I need to get up early.

→ 일찍 일어나기 위해

② Mr. Kim decided to stop smoking.

→ 금연하기로

③ I hope to travel to Spain.

→ 스페인으로 여행하기를

④ My dad likes to cook for us.

→ 우리를 위해 요리하는 것을

⑤ I want to learn Chinese.

→ 중국어를 배우기를

09 영어 문장이 우리말과 일치하도록 빈칸에 알맞은 말을 고르세요. 2점

우리는 휴가 가는 것을 포기했다.
→ We gave up _____ on vacation.

① go

② to go

③ goes

④ going

⑤ to going

10 다음 문장의 빈칸에 들어갈 수 없는 것은? 2점

I _____ to play the piano.

① enjoy   ② like

③ hate   ④ love

⑤ want

[11~12] 주어진 문장에서 어법상 어색한 부분을 바르게 고친 것을 고르세요. 각 2점

11

Riley finished to read the book.

① Riley finished read the book.

② Riley finished reading the book.

③ Riley finished to reading the book.

④ Riley is finishing to read the book.

⑤ Riley will finish to read the book.

12

Mom promised buy me a tablet PC.

① Mom promised buying me a tablet PC.

② Mom promised buys me a tablet PC.

③ Mom promised bought me a tablet PC.

④ Mom promised will buy me a tablet PC.

⑤ Mom promised to buy me a tablet PC.

13 괄호 안의 단어를 알맞게 배열해서 우리말 문장을 영작하세요. 각 5점

(1)

> 아빠는 집 청소하는 것을 끝내셨다. (cleaning / finished / Dad / the house)

→ _____

(2)

> 그들은 서로 싸우지 않기로 결심했다. (they / fight / to / with each other / not / decided)

→ _____

14 그림을 보고, 괄호 안의 단어를 활용해서 질문에 대한 답을 완성하세요. 5점

Q: What will the boy say to the dog?

A: He will say, "_____ _____!"

(stop, bark)

15 메모를 보고, 오늘 해야 할 일 세 가지를 문장으로 쓰세요. (need 동사를 쓸 것) 각 3점

To-do List

☐ **do my homework**

☐ **clean my room**

☐ **call Jane**

(1) Today, I _____ .

(2) I also _____ .

(3) After that, I _____ .

01 to ⬜⬜⬜ 는 to로 시작하는, 정해지지 않은 품사이다. to부정사의 형태는 'to+ ⬜⬜⬜⬜ '이다. to부정사는 문장에서 ⬜⬜ , 형용사, ⬜⬜ 처럼 쓰일 수 있다.

02 명사처럼 쓰이는 to부정사는 주어, 목적어, 보어의 역할을 할 수 있는데, ⬜⬜⬜ 역할을 할 때가 가장 많다. '~하는/할 것을' 또는 '~ ⬜⬜ 를'이라고 해석한다.

03 동명사는 동사를 ⬜⬜ 로 바꾼 것이다. 동명사는 '~하는 것', '~ ⬜⬜ '라고 해석한다. 동명사도 to부정사처럼 문장에서 주로 목적어 역할을 한다.

04 to부정사가 목적어로 쓰이는 동사에는 ⬜⬜⬜⬜ (원하다), ⬜⬜⬜⬜⬜⬜ (결심하다), ⬜⬜⬜⬜ (계획하다), ⬜⬜⬜⬜ (필요로 하다) 등이 있다.

05 to부정사와 동명사 둘 다 목적어로 가능한 동사에는 ⬜⬜⬜⬜ (좋아하다), love(정말 좋아하다), ⬜⬜⬜⬜ (싫어하다), s⬜⬜⬜⬜ (시작하다), b⬜⬜⬜ (시작하다) 등이 있다.

06 동명사만 목적어로 가능한 동사에는 ⬜⬜⬜⬜⬜⬜ (즐기다), ⬜⬜⬜⬜⬜⬜ (끝내다), stop(그만두다, 멈추다), ⬜⬜⬜ up(포기하다), practice(연습하다) 등이 있다.

정답 및 해설

UNIT 01 who

• 20쪽 •

A
| 1 What | 2 Who |
| 3 Where | 4 Why |

'무엇'은 what, '누구'는 who, '어디'는 where, '왜'는 why 예요. 의문사의 우리말 뜻을 잘 기억하세요.

B
1 Is who → Who is
2 OK
3 My pen is where? → Where is my pen?
4 you → do you
5 you are → are you

의문사 의문문은 의문사가 맨 앞에 오고, 그 뒤에는 의문문의 어순이 와요. 의문문의 시제에 따라 어순을 잘 알아 두세요.

1-3 be동사 현재 의문사 의문문은 '의문사+be동사+주어'의 어순이에요.

4 일반동사 현재 의문사 의문문은 '의문사+do/does+주어+동사원형'의 어순이에요.

5 현재 진행형 의문사 의문문은 '의문사+be동사+주어+동사-ing'의 어순이에요.

C
| 1 Who lives | 2 Who has |
| 3 Who likes | 4 Whose book |

1-3 who가 주어일 때는 보통 3인칭 단수 취급하기 때문에 동사에 -(e)s를 붙입니다.

4 whose는 '누구의'라는 의문사로 뒤에 명사가 옵니다.

D
1 Who are your parents?
2 Whose shoes are these?
3 Who knows this song?

UNIT 02 what

• 22쪽 •

A
| 1 What | 2 What |
| 3 What | |

'무엇'에 해당하는 의문사는 what입니다.

B
| 1 What is | 2 What do you |
| 3 What does he | |

다시 한번 시제에 따른 의문사 의문문의 어순을 알아 두세요.

1 be동사 현재 의문사 의문문: '의문사+be동사+주어'

2 일반동사 현재 의문사 의문문: '의문사+do/does+주어+동사원형'

3 현재 진행형 의문사 의문문: '의문사+be동사+주어+동사-ing'

C
1 What is making that noise?
2 What kind of movies do you like?
3 What makes us happy?

1,3 what이 주어일 때는 뒤에 바로 동사가 오고, what을 3인칭 단수로 보기 때문에 동사를 그에 맞추어 씁니다.

D
1 What kind of food do you want?
2 What makes you sad?
3 What fruits do you like?
4 OK

1 '어떤 종류의 ~'라고 할 때는 'what kind of+명사'를 써요.

2 what이 주어일 때 3인칭 단수로 보기 때문에 동사에 -s를 붙여요.

3 의문사는 문장 맨 앞에 옵니다.

4 현재 진행형 의문사 의문문으로 올바른 문장이에요.

A

1 Who	2 What
3 Whose	4 What

대답을 보고 무엇을 물었을지 생각해 보세요.

1 "그는 내 사촌 짐이야."라고 대답했으니 '누구'인지 묻는 who가 알맞아요.

2 "그들은 모래성을 만들고 있어."라고 대답했으니 '무엇'을 하는지 묻는 what이 알맞아요.

3 "그건 내 거야."라고 대답했으니 '누구의' 것인지 묻는 whose가 알맞아요.

4 "나는 초록색을 좋아해."라고 대답했으니 '무슨' 색을 좋아하는지 묻는 'what+명사'(what color)가 알맞아요.

B

1 Who is she?

2 Whose bike is that?

3 What is his favorite subject?

4 Whose socks are those?

5 Who is winning the race?

밑줄 친 말에 해당하는 의문사가 무엇일지 잘 생각해 보세요.

C

1 누가 내 책을 갖고 있지?

2 이것은 누구의 컵이니?

3 너는 무슨[어떤] 스포츠를 좋아하니?

4 그는 손에 무엇을 가지고 있니?

D

1 Who → Whose dogs are they?

2 are → What do you want for lunch?

3 What → Who is your favorite singer?

1 '누구의' 개들인지 물었으므로 의문사 whose를 써야 해요.

2 일반동사 현재 의문문이고 주어가 you이므로 의문사 뒤에 are가 아니라 do가 나와야 해요.

3 좋아하는 가수가 '누구'인지 물었으므로 what 대신 who를 써야 해요.

E

1 What do you do on weekends?

2 Who is Sally?

3 What do you do on weekends?

A: 너는 주말에 뭐 해?
B: 나는 아빠랑 헬스클럽에 가. 거기서 보통 샐리를 만나.
A: 샐리가 누구야? 나는 걔 모르는데.
B: 우리 반 친구야. 너는 주말에 뭐 해?
A: 나는 누나랑 컴퓨터 게임을 해.

UNIT 03 which •26쪽•

A

1 Which	2 Which
3 Which	

what은 아무거나에서 고를 때 쓰고, which는 한정된 선택지에서 고를 때 써요. 1~3번 모두 둘 중에서 고르는 거니까 which가 더 어울려요.

B

1 What	2 Which
3 Which	

'무엇'은 what, '어떤/어느 것'은 which를 고르면 돼요.

C

1 Which eraser is hers

2 Which fruit do you want

3 Which season do you like

'which+명사'는 '어느/어떤 ~'이라는 의미예요.

D

1 Which music do they prefer, hip-hop or rock?

2 Which sport do you enjoy, soccer or baseball?

1 힙합과 록이라는 주어진 선택지에서 고르는 것이니까 what보다 which가 어울려요.

2 'which+명사'가 문장 맨 앞에 와야 해요.

A

1 When are	2 What time
3 When do	4 What time

'언제'를 물을 때는 when을 쓰고, '몇 시'라는 구체적인 시각을 물을 때는 what time을 써요.

B

1 When is Mike's birthday?
2 When does your dad wash his car?
3 What time do you have breakfast?

1   의문사 when 뒤에 be동사 현재 의문문이 온 경우예요. '의문사+be동사+주어'의 어순이에요.

2-3 의문사 when 또는 what time 뒤에 일반동사 현재 의문문이 온 경우예요. '의문사+do/does+주어+동사원형'의 어순이에요.

C

1 Where	2 Why

1 "나는 도서관에 가는 중이야."라고 대답했으므로 '어디' 가는지 묻는 where가 알맞아요.

2 "그들은 같은 장난감을 원해."라고 대답했으므로 '왜' 싸우는지 묻는 why가 알맞아요.

D

1 where	2 When
3 Why	4 Why do you
5 Where is	

우리말 문장에서 의문사에 해당하는 표현 '어디', '언제', '왜'를 찾아 영어로 바꾸어 생각해 보세요.

MINI REVIEW Units 03-04   • 30쪽 •

A

1 When	2 Where
3 Why	4 Which

대답을 보고 무엇을 물었을지 생각해 보세요.

1 "5월 10일이야."라고 대답했으니 생일이 '언제'인지 묻는 when이 알맞아요.

2 "그건 책상 아래에 있어."라고 대답했으니 가방이 '어디' 있는지 묻는 where가 알맞아요.

3 "음, 그들은 정말 귀여워!"라고 대답했으니 고양이를 '왜' 좋아하는지 묻는 why가 알맞아요.

4 "나는 빨간색을 원해."라고 대답했으니 '어떤 것'을 원하는지 묻는 which가 알맞아요.

B

1 When	2 Where
3 What time	4 Why
5 Which	

1 "이번 주 금요일이야."라고 대답했으니 엄마의 생신이 '언제'인지 묻는 when이 알맞아요.

2 "그는 미국에서 왔어."라고 대답했으니 제임스가 '어디'에서 왔는지 묻는 where가 알맞아요.

3 "오전 8시 30분에 시작해."라고 대답했으니 학교가 '몇 시에' 시작하는지 묻는 what time이 알맞아요.

4 "내 친구들이 또 늦었어."라고 대답했으니 '왜' 화가 났는지 묻는 why가 알맞아요.

5 "나는 빵을 더 좋아해."라고 대답했으니 밥과 빵 중에서 '어떤 것'을 더 좋아하는지 묻는 which가 알맞아요.

C

1 Which **country** is he from?
2 Where do you play the violin?
3 What **time** does Suzy come home?

1 '어느' 나라이므로 where 대신 which를 써야 해요.

2 의문사 의문문은 의문사 where가 문장 맨 앞에 와야 해요.

3 구체적으로 '몇 시'를 묻는 표현은 what time이에요.

D

1 What is your hobby?
2 Where is your brother?
3 When do you go to bed?
4 Where do you study?
5 Which game do you like?

1 네 취미는 무엇이니?
2 네 오빠는 어디에 있니?
3 너는 언제 잠자리에 드니?
4 너는 어디서 공부하니?
5 너는 어떤 게임을 좋아하니?

E

1 Why	2 Where
3 When	

진행자: 당신은 여행을 많이 하시죠. 당신의 삶을 즐기
시나요?

피아니스트: 네, 그래요. 하지만 가끔은 외롭게 느껴요.

진행자: 왜 외롭게 느끼시나요?

피아니스트: 음, 저는 주로 혼자 연습하거든요.

진행자: 그렇군요. 어디에서 연습하시나요?

피아니스트: 작은 연습실에서 연습해요.

진행자: 언제 연습이 끝나나요? 밤늦게?

피아니스트: 네. 제 연습은 정오에 시작하고 밤에 끝나요.

UNIT 05 how
• 32쪽 •

A

1 How is	2 How is

how가 be동사 의문문에 쓰일 때는 건강, 근황, 날씨 등 주어의 상태가 어떤지 물어요.

B

1 c	2 b
3 d	4 a

1 "그는 어때?"라고 물었으니 그의 상태를 나타내는 "그는 아파."가 어울려요.

2 "네 스테이크는 어때?"라고 물었으니 스테이크의 상태를 나타내는 "그건 맛있어."가 어울려요.

3 "네 새 친구들은 어때?"라고 물었으니 친구들이 어떤지 나타내는 "그들은 친절해."가 어울려요.

4 "오늘 날씨가 어때?"라고 물었으니 날씨가 어떤지 나타내는 "화창해."가 알맞아요.

C

1 너는 어떻게 영어를 공부하니?
2 너희 조부모님은 어떻게 지내고 계시니?

1 how가 일반동사 의문문에 쓰이면 주로 '방법'을 물어보는 뜻이에요.

2 일반동사 의문문이지만 여기서는 how가 '상태'를 물어보는 뜻으로 쓰였어요.

D

1 How do	2 How does
3 How are	4 How do

1, 2번에서는 how가 '방법'을 묻는 뜻으로 쓰였고, 3, 4번에서는 '상태'를 묻는 뜻으로 쓰였어요.

UNIT 06 how+형용사/부사
• 34쪽 •

A

1 many	2 much
3 many	4 much

'얼마나 많은/많이'를 물을 때, 뒤에 셀 수 있는 명사가 오면 how many를 쓰고, 뒤에 셀 수 없는 명사가 오면 how much를 써요. 뒤에 오는 명사를 잘 보세요!

B

1 How many	2 How much
3 How many	

2 가격을 물을 때 how much를 씁니다.

C

1 often	2 tall
3 far	

'얼마나 자주'를 물을 때는 how often, 키를 물을 때는 how tall, '거리'를 물을 때는 how far로 외워 두세요.

D

1 How old, c	2 How far, a
3 How often, b	4 How long, d

4 how long은 '얼마나 긴'이라는 뜻으로 '길이'를 묻는 표현이에요.

MINI REVIEW Units 05-06
• 36쪽 •

A

1 d	2 a
3 f	4 b
5 e	6 g
7 c	

각 의문사의 뜻을 잘 생각해서 어울리는 대답을 찾아 보세요.

B

1 How old	2 How tall
3 How much	4 How heavy

1 how old는 나이를 묻는 표현이에요.

2 how tall은 키를 묻는 표현이에요.

3 how much는 양 또는 가격을 묻는 표현이에요.

4 how heavy는 무게를 묻는 표현이에요.

C

1 How do you know the answer?

2 How much snow do you get in winter?

3 How often do you play badminton?

1 의문사로 시작하는 일반동사 현재 의문문의 어순은 '의문사+do/does+주어+동사원형'이에요. do/does를 빼먹지 않도록 주의하세요.

2 snow는 셀 수 없는 명사라서 how much로 물어야 해요.

3 '얼마나 자주'는 how often이에요. 의문사 의문문의 어순을 잘 기억해 두세요.

D

1 How is the weather in Australia?

2 How long is the movie?

3 How often is he late for school?

E

1 many   2 much

3 many

chairs(의자)와 drinks(음료)는 셀 수 있는 명사니까 how many를 써야 하고, food(음식)는 셀 수 없는 명사니까 how much를 써야 해요. 어느 것이 셀 수 있는 명사인지 셀 수 없는 명사인지 잘 모르겠으면 명사의 형태를 보세요. 일반적으로 끝에 -(e)s가 붙어 복수형으로 되어 있으면 셀 수 있는 명사라는 걸 알 수 있어요.

수: 파티 계획을 세우자.

루시: 좋아. 우리 의자 몇 개 필요하지?

수: 우리는 의자가 10개 필요해.

루시: 우리 음식은 얼마나 많이 필요하지?

수: 우린 피자 네 판이 필요해.

루시: 우린 음료도 필요해. 음료는 얼마나 많이 필요하지?

수: 우린 주스 다섯 병이 필요해.

CHAPTER REVIEW   •38쪽•

01 ① ③ ⑤	**02** ⑤	**03** ④
04 ①	**05** ⑤	**06** ④
07 ⑤	**08** ②	**09** ③

10 (1) Why   (2) What time   (3) How

    (4) What   (5) Who

11 What

12 (1) Whose bag is this?

    (2) Why does he look sad?

13 (1) Where does, live

    (2) Which

01 ② 주어 my glasses가 복수이므로 be동사는 are가 와야 해요. (→ Where are my glasses?) ④ 마찬가지로 주어 their names가 복수이므로 are가 와야 해요. (→ What are their names?)

① 그 애의 남자친구는 누구니? ② 내 안경은 어디 있지? ③ 저기 저 남자애는 누구니? ④ 그들의 이름은 무엇이니? ⑤ 네 생일은 언제야?

02 She's in her room.(그 애는 자기 방에 있어.)라고 대답했으므로 '어디'에 있는지 묻는 where가 알맞아요.

A: 앨리슨 어디 있니?

B: 자기 방에 있어요. 음악을 듣는 중이에요.

03 He's cleaning his room.(그는 자기 방을 청소하고 있어.)라고 대답했으므로 '무엇'을 하고 있는지 묻는 what이 알맞아요.

A: 수현이는 지금 뭐 하고 있니?

B: 자기 방을 청소하고 있어.

04 어디에 있는지 물었으므로 빈칸에는 장소를 나타내는 표현이 와야 하고, 거기서 무엇을 하는지 물었더니 농구를 한다고 했으므로 적절한 장소는 '체육관'이에요.

A: 샐리는 어디 있니?

B: 체육관에 있어.

A: 거기서 뭘 하고 있어?

B: 농구 하고 있어.

05 ⑤ 의문사 의문문에는 Yes나 No로 대답할 수 없어요.

① A: 수진이는 어디 있니?

   B: 자기 방에 있어.

② A: 슈퍼마켓은 어디 있니?

   B: 1층에 있어.

③ A: 잭은 지금 뭐 하고 있니?

   B: 샌드위치를 먹고 있어.

④ A: 유나는 어디 있니?

B: 친구네 집에 있어.

⑤ A: 너는 공원에서 뭐 하고 있니?

B: 응, 그래. 나는 축구 하고 있어.

06 두 빈칸 모두 뒤에 'I like+과목'이라고 대답했으므로 ④ '네가 제일 좋아하는 과목은 뭐니?'라고 묻는 것이 적절해요.

A: 네가 제일 좋아하는 과목은 뭐니?

B: 나는 수학을 좋아해.

A: 나는 수학 안 좋아해. 나에겐 어려워.

B: 네가 제일 좋아하는 과목은 뭐야?

A: 나는 영어를 좋아해. 그게 내가 제일 좋아하는 과목이야.

① 너는 왜 수학을 좋아해? ② 너는 방과 후에 뭘 하니? ③ 너는 지금 뭘 공부하고 있니? ⑤ 네가 제일 좋아하는 선생님은 누구니?

07 • '거북이들은 얼마나 오래 사니?'라는 의미가 되어야 자연스러우므로 how가 알맞아요.

• '너는 액션 영화와 공포 영화 중 어떤 것을 더 좋아하니?'라는 의미가 되어야 자연스러우므로 which가 알맞아요.

08 ②는 일반동사 현재 의문문이고 주어가 they이므로 do가 들어가야 하고, 나머지는 현재 진행형 의문문이고 주어가 you와 복수 명사이므로 be동사 are가 들어가야 해요.

① 너는 뭘 먹고 있니? ② 그들은 어디에 사니? ③ 톰과 제리는 왜 싸우고 있니? ④ 그 아이들은 뭘 보고 있니? ⑤ 그들은 어디서 축구를 하고 있니?

09 첫 번째와 세 번째 문장은 뒤에 나오는 명사가 셀 수 없는 명사(bread, homework)이므로 much가 들어가야 하고, 두 번째 문장은 뒤에 나오는 명사가 셀 수 있는 명사(people)이므로 many가 들어가야 해요.

• 너는 빵을 얼마나 많이 원하니? • 사람들이 얼마나 많이 있니? • 너는 숙제가 얼마나 많니?

10 ⑴ 너는 왜 울고 있니? ⑵ 너는 몇 시에 일어나니? ⑶ 이 가방은 얼마예요? ⑷ 네가 제일 좋아하는 색은 무엇이니? ⑸ 네 제일 친한 친구는 누구니?

11 첫 번째 빈칸에는 '몇 시'(what time)라는 말이 알맞은데 time은 이미 있으므로 what이 들어가야 하고, 두 번째 빈칸에는 점심으로 '무엇'을 먹는지 물었으므로 역시 what이 들어가야 해요.

A: 너는 점심을 몇 시에 먹니?

B: 나는 정오에 점심을 먹어.

A: 너는 점심으로 무엇을 먹니?

B: 나는 보통 샌드위치를 먹어.

12 ⑴ be동사 현재 의문문이에요. '누구의'라는 의미의 의문사 whose를 맨 앞에 쓰고, 그 뒤에 'be동사+주어'를 써요.

⑵ 일반동사 현재 의문문이에요. '왜'라는 의미의 의문사 why를 맨 앞에 쓰고, 그 뒤에 'do/does+주어+동사원

형'을 써요. 주어가 3인칭 단수인 he이므로 does를 써야 해요.

13 ⑴ 사는 곳이 어디인지 물어보는 질문이 알맞아요.

Q: 지원이는 어디에 사나요?

A: 그 애는 서울에 살아요.

⑵ 고양이와 개라는 한정된 선택지 중에서 고르는 것이므로 which를 써야 해요.

Q: 지원이는 고양이와 개 중 어떤 동물을 좋아하나요?

A: 둘 다 좋아해요.

•41쪽•

의문사 의문문 개념 정리

01 의문사

02 who, whose, what, which, when, where, why, how

03 앞, 의문문

04 동사

05 what, which

06 어떻게, 얼마나

07 있는, 없는

Chapter **2** 과거

UNIT 07 be동사 과거 긍정문

•44쪽•

A

1 was   2 was

3 was

am과 is의 과거형은 둘 다 was예요.

B

1 He was a doctor.

2 She was my best friend.

3 I was sick yesterday.

영작 문제는 먼저 우리말을 잘 읽고 시제가 현재인지 과거인지 생각해 보는 것이 중요해요.

C

1 were	2 were
3 were	4 was

주어가 we, you, they, 복수 명사일 때는 be동사 과거형이 were가 돼요. 4번은 함정 문제로, 주어가 단수 명사(Ed)니까 was가 되어야 해요.

D

1 You were so beautiful.

2 The girls were at the gym.

3 Brad and I were very short then.

1 우리말이 과거 시제이므로 are를 과거형 were로 고칩니다.

2 주어가 복수 명사(the girls)이므로 was를 were로 고칩니다.

3 주어가 복수 명사(Brad and I)이므로 was를 were로 고칩니다.

UNIT 08 be동사 과거 부정문과 의문문 •46쪽•

A

1 was not	2 were not

1 작년에는 날씬하지 않았는데 지금은 날씬하다는 내용이 되어야 자연스러우므로 주어에 맞게 be동사 과거 부정문 was not을 씁니다.

2 작년에는 승자가 아니었는데 지금은 승자라는 내용이 되어야 자연스러우므로 주어에 맞게 be동사 과거 부정문 were not을 씁니다.

B

1 The boys weren't quiet in class.
(= The boys were not quiet in class.)

2 Julia was not a young girl.
(= Julia wasn't a young girl.)

1 주어가 복수 명사(the boys)이므로 wasn't를 weren't로 고칩니다.

2 be동사 과거 부정문의 어순은 'be동사 과거형+not'입니다.

C

1 Were you	2 Was it
3 Were they	4 Was Kelly
5 Was he	

be동사 과거 의문문은 평서문에서 주어와 be동사 위치만 바꾸면 됩니다.

D

1 d	2 c
3 b	4 a

주어를 잘 비교해서 어울리는 대답을 찾으세요.

MINI REVIEW Units 07-08 •48쪽•

A

1 Was, wasn't	2 Was, was
3 Were, wasn't	4 Were, were

질문에서는 주어를 잘 보고 Was와 Were 중에 알맞은 것을 고르고, 대답에서는 처음에 Yes로 시작하는지 No로 시작하는지 잘 보고 주어를 확인한 다음 뒤에 오는 말을 고르세요.

B

1 My grandmother was not a nurse.
(= My grandmother wasn't a nurse.)

2 The pizza was delicious.

3 Was her book on the desk?

4 The children were not eight years old.
(= The children weren't eight years old.)

5 Were they very excited yesterday?

1 우리 할머니는 간호사셨어. → 우리 할머니는 간호사가 아니었어.

2 그 피자는 맛있지 않았어. → 그 피자는 맛있었어.

3 그 애의 책은 책상 위에 있었다. → 그 애의 책은 책상 위에 있었니?

4 그 아이들은 여덟 살이었다. → 그 아이들은 여덟 살이 아니었다.

5 그들은 어제 매우 신났었다. → 그들은 어제 매우 신났었니?

C

1 I was at the library.

2 We weren't hungry. (= We were not hungry.)

3 Tom and James were classmates last year.

1 주어가 I이므로 were를 was로 고쳐요.

2 주어가 we이므로 wasn't를 weren't 또는 were not으로 고쳐요.

3 주어가 복수 명사(Tom and James)이므로 was를 were로 고쳐요.

D
1 He was my neighbor.
2 I was not at home.
   (= I wasn't at home.)
3 Were they tired yesterday?

E
1 was → were
2 Was → Were
3 weren't → wasn't (= was not)
4 not was → was not (= wasn't)

1-2 주어가 you이므로 알맞은 be동사 과거형은 were예요.

3 주어가 I이므로 be동사 과거 부정문은 wasn't(= was not)이 되어야 해요.

4 be동사 과거 부정문은 'be동사 과거형+not' 순서로 써요.

다희: 와! 릭, 너 키가 아주 컸구나!
릭: 응, 그랬어.
다희: 너 농구 선수였니?
릭: 아니야. 난 농구를 잘하지 않았어.

UNIT 09 일반동사 과거: 규칙 변화(1) •50쪽•

A
1 worked   2 walked
3 kicked   4 brushed

기본적으로 규칙 동사의 과거형은 동사원형 뒤에 -ed를 붙이는 것입니다.

B
1 learned   2 asked
3 passed   4 watched

우리말의 시제를 잘 파악하세요.

C
1 -ed, asked   2 -d, moved
3 -ed, started   4 -ed, showed
5 -d, danced   6 -ed, fixed
7 -ed, pulled   8 -d, liked
9 -d, lived   10 -ed, touched

move(움직이다), dance(춤추다), like(좋아하다), live(살다)는 e로 끝나는 동사이므로 -d만 붙이면 됩니다.

D
1 loved   2 invited
3 closed

love(사랑하다), invite(초대하다), close(닫다) 모두 e로 끝나는 동사이므로 -d만 붙이면 됩니다.

UNIT 10 일반동사 과거: 규칙 변화(2) •52쪽•

A
1 studied   2 married
3 cried   4 fried

study(공부하다), marry(결혼하다), cry(울다), fry(튀기다)는 '자음+y'로 끝나는 동사이므로 y를 i로 바꾸고 -ed를 붙입니다.

B
1 carried   2 tried

carry(옮기다), try(시도하다)도 '자음+y'로 끝나는 동사이므로 y를 i로 바꾸고 -ed를 붙입니다.

C
1 chatted   2 hugged
3 stopped

chat(수다 떨다), hug(안다), stop(멈추다)은 '단모음+단자음'으로 끝나는 동사이므로 자음을 한 번 더 쓰고 -ed를 붙입니다.

D
1 dropped   2 chatted
3 OK   4 played
5 studied

1-3 drop, chat, plan은 '단모음+단자음'으로 끝나는 동사이므로 자음을 한 번 더 쓰고 -ed를 붙여요.

4 play는 '모음+y'로 끝나는 동사이므로 그대로 -ed를 붙여요.

5 study는 '자음+y'로 끝나는 동사이므로 y를 i로 바꾸고 -ed를 붙여요.

A
1 cried　　　2 enjoyed
3 played　　4 opened

1　cry는 '자음+y'로 끝나는 동사이므로 y를 i로 바꾸고 -ed를 붙여요.

2-3 enjoy와 play는 '모음+y'로 끝나는 동사이므로 그대로 -ed를 붙여요.

4　open은 '단모음+단자음'으로 끝나지만 2음절이고 강세가 앞에 있어서 자음을 한 번 더 쓰지 않아요.

B
1 They loved each other so much.
2 I liked apples very much.
3 She wanted a new bag.
4 My mom and I baked cookies.
5 I fried potatoes for my brother.
6 He dropped his umbrella on the ground.

C
1 He planned a surprise party for me.
2 I tried my best on the test.
3 I danced with my girlfriend last night.

1 plan은 자음을 한 번 더 쓰고 -ed를 붙여요.
2 try는 y를 i로 바꾸고 -ed를 붙여요.
3 우리말이 '춤췄다'로 과거 시제이므로 dance를 과거형 danced로 고쳐야 해요.

D
1 He closed the door loudly.
2 My brother studied English hard.
3 My cousin fixed my computer.

E
1 watched　　2 was
3 played　　4 baked
5 liked

지난 토요일에 내 친구들이 우리 집에 왔다. 우리는 함께 영화를 한 편 보았다. 그 영화는 재미있었다. 그 후에 우리는 보드게임을 했다. 엄마가 우리를 위해 쿠키를 구워 주셨다. 내 친구들은 그 쿠키를 정말 좋아했다. 우리는 아주 즐거운 시간을 보냈다!

UNIT 11 일반동사 과거: 불규칙 변화 •56쪽•

A
1 made　　　2 slept
3 thought

불규칙 동사들의 과거형을 반드시 외우세요!

B
1 ate　　　　2 did
3 met

일반동사 현재형과 달리 과거형은 주어가 3인칭 단수여도 달라지지 않고 똑같아요.

C
1 put　　　2 had
3 came　　4 read
5 sat　　　6 ran
7 hit　　　8 cost
9 hurt　　10 cut

4 read는 과거형일 때 형태는 원형과 동일하지만 발음이 [레드]로 달라지니 주의하세요.

D
1 Mr. Brown came from America.
2 Mary read three books last week.
3 My dad put the key on the table.

불규칙 동사들을 규칙 동사처럼 쓰지 않도록 주의하세요.

UNIT 12 일반동사 과거 부정문과 의문문 •58쪽•

A
1 did not watch　　2 didn't sing
3 didn't give

일반동사 과거 긍정문을 부정문으로 바꿀 때 did not(= didn't) 뒤의 동사는 동사원형으로 써야 한다는 것을 잊지 마세요.

B
1 didn't tell　　　2 didn't go
3 didn't write

1 didn't 뒤에는 동사원형이 와야 해요.
2 우리말이 과거 시제니까 doesn't를 didn't로 바꾸어야 해요.

3 일반동사 과거 부정문의 형태는 'didn't(= did not)+동사원형'입니다.

C
1 Did they play 2 Did you wash
3 Did she meet

일반동사 과거 의문문의 형태는 'Did+주어+동사원형 ~?'입니다.

D
1 b 2 c
3 a

주어를 잘 보고 어울리는 질문과 대답을 연결하세요.

MINI REVIEW Units **11-12** •60쪽•

A
1 They cleaned the window.
2 She ate breakfast.
3 They read books on the weekend.
4 The cheetah ran fast.

각 동사의 과거형을 정확히 기억해야 해요. 규칙 동사와 불규칙 동사를 잘 구분하세요.

B
1 I didn't have a nice bike.
2 Lisa came from Australia.
3 He didn't put his wallet on the desk.
4 Did Tim go to the amusement park?
5 Did he work hard every day?

일반동사 과거 부정문과 의문문에서 뒤에 나오는 동사는 동사원형으로 써야 한다는 것에 주의하세요.

C
1 give, did
2 did you hit, didn't

1 일반동사 과거 의문문에서 뒤에 나오는 동사는 동사원형(give)으로 쓰고, 그에 대한 긍정의 대답은 'Yes, 주어+did.'로 해요.
2 일반동사 과거 의문문은 'Did+주어+동사원형'의 형태이고, 그에 대한 부정의 대답은 'No, 주어+didn't.'로 해요.

D
1 He didn't stop the music.
2 We slept for ten hours.
3 Did you drink my coke?

1 일반동사 과거 부정문에서 didn't 뒤에는 동사원형이 와야 해요.
2 sleep의 과거형은 slept예요.
3 일반동사 과거 의문문에서 뒤에 나오는 동사는 동사원형으로 써야 해요.

E
1 did his homework
2 went to the museum
3 met his friends
4 read a book

1 테리는 지난 토요일에 숙제를 했다.
2 미나는 일요일에 박물관에 갔다.
3 준우는 지난 토요일에 친구들을 만났다.
4 에리카는 주말 동안 책을 읽었다.

UNIT 13 과거 진행형 긍정문 •62쪽•

A
1 was, 달리고 있었다(= 달리는 중이었다)
2 watching, 보고 있었다(= 보는 중이었다)

과거 진행형의 형태는 'be동사의 과거형+동사-ing'이고, 해석은 '~하는 중이었다' 또는 '~하고 있었다'라고 합니다.

B
1 He was playing a computer game.
2 My cat was taking a nap.
3 The children were playing in the yard.

과거 진행형의 형태는 'be동사의 과거형+동사-ing'입니다.

C
1 He was drinking soda.
2 She was listening to music.
3 We were dancing at the party.
4 Jen and Tony were drawing pictures.

1,3 현재 진행형 문장을 과거 진행형으로 바꾸려면 be동사만 과거형으로 바꿔 주면 됩니다.

2,4 과거 시제 문장을 과거 진행형으로 바꾸려면 be동사의 과거형을 쓰고 원래 동사는 '동사-ing' 형태로 바꿔 주면 됩니다.

D
1 was studying
2 were singing
3 was sleeping
4 were going

1,4 과거 진행형 문장에서 be동사의 과거형 뒤에는 동사원형이 아니라 '동사-ing' 형태가 옵니다.

2,3 과거 진행형 문장에서 be동사의 과거형은 주어에 맞추어 써 줍니다.

UNIT 14 과거 진행형 부정문과 의문문 •64쪽•

A
1 The kid was ✓riding a bike.
2 She was ✓sleeping on a bed.
3 The woman was ✓standing.
4 We were ✓eating burgers.

과거 진행형 부정문에서 not은 be동사 뒤에 와요.

B
1 He was not playing badminton.
2 The dogs were not lying on the sofa.

과거 진행형 긍정문을 부정문으로 바꾸려면 be동사 뒤에 not만 붙여 주면 돼요.

C
1 Was he
2 Was Hayley
3 Was she
4 Were they

과거 진행형 문장을 의문문으로 만들려면 주어와 be동사의 위치만 바꿔 주면 됩니다.

D
1 Were they, weren't
2 Were you, was
3 Was he, wasn't

과거 진행형 의문문은 'be동사의 과거형+주어+동사-ing' 어순으로 쓰면 돼요. 이에 대한 긍정의 대답은 'Yes, 주어+was/were.'로, 부정의 대답은 'No, 주어+wasn't/weren't.'로 하면 되는데, 주어에 따라 be동사를 잘 맞춰 써 주세요.

A
1 Yes, was
2 No, wasn't
3 No, wasn't
4 Yes, was

과거 진행형 의문문에 대한 긍정의 대답은 'Yes, 주어+was/were.'로, 부정의 대답은 'No, 주어+wasn't/weren't.'로 합니다.

B
1 I was not doing my homework.
   (= I wasn't doing my homework.)
2 Dojun was riding his bike.
3 She was not swimming in the lake.
   (= She wasn't swimming in the lake.)
4 He was not throwing trash on the ground. (= He wasn't throwing trash on the ground.)
5 Was Minjae sleeping in his room?

1 나는 숙제를 하는 중이었다. → 나는 숙제를 하는 중이 아니었다.
2 도준이는 자전거를 타는 중이다. → 도준이는 자전거를 타는 중이었다.
3 그 여자는 호수에서 수영하는 중이었다. → 그 여자는 호수에서 수영하는 중이 아니었다.
4 그는 땅에 쓰레기를 던지지 않는다. → 그는 땅에 쓰레기를 던지고 있지 않았다.
5 민재는 그의 방에서 자고 있었다. → 민재는 그의 방에서 자고 있었니?

C
1 I was not taking a nap.
2 Was she jumping on the bed?
3 They were running along the river.

1 과거 진행형 부정문은 be동사 뒤에 not이 와야 해요.
2 주어가 she이니까 알맞은 be동사는 was예요.
3 과거 진행형 긍정문에서 be동사 뒤에는 동사원형이 아니라 '동사-ing'가 와야 해요.

D
1 We were waiting for a bus.
2 Was he playing a computer game?

E

1 was flying	**2** was walking
3 was holding	**4** were riding

나는 어제 공원에 갔다. 나는 거기서 내 친구들을 보았다! 지효는 연을 날리고 있었다. 롭은 자기 개를 산책시키는 중이었다. 조쉬는 손에 풍선을 들고 있었다. 헤이디와 앤디는 스케이트보드를 타는 중이었다. 그들은 나를 보았고 나에게 인사했다.

CHAPTER REVIEW ·68쪽·

01 ③	**02** ①	**03** ③
04 ② ⑤	**05** ① ④	**06** ③
07 ③	**08** ③	**09** ②
10 ①		

11 (1) was　(2) were　(3) have　(4) sing

12 (1) The party was very fun.

(2) The lions were not sleeping on the rocks.
(= The lions weren't sleeping on the rocks.)

13 A: Did you give your parents flowers on Parent's day?

B: No, I didn't. I gave them a thank-you letter.

14 (1) goed → went　　(2) was → were

(3) eated → ate　　　(4) enjoied → enjoyed

---

01 주어가 복수 명사(Jimin and Suho)이므로 알맞은 be동사 과거형은 were예요.

02 '너는 어디에 있었니?'라고 물었으므로 '나는 ~에 있었어.'라고 대답하는 것이 자연스러운데, I에 맞는 be동사 과거형은 was니까 'I was+장소.'로 답하면 돼요.

① 나는 거실에 있었어. ③ 너는 거실에 있었어. ④ 너는 거실에 있지 않았어. ⑤ 나는 거실에 있어.

03 cut은 원형과 과거형이 같은 불규칙 동사예요. (cut - cut)

04 ① have의 과거형은 haved가 아니라 had예요. (→ I had pancake for breakfast.) ③ play의 과거형은 plaied가 아니라 played예요. (→ The children played soccer.) ④ eat의 과거형은 eated가 아니라 ate예요. (→ My family ate fried chicken for dinner.)

① 나는 아침으로 팬케이크를 먹었다. ② 그 남자아이는 일찍 집으로 갔다. ③ 그 아이들은 축구를 했다. ④ 우리 가족은 저녁으로 프라이드치킨을 먹었다. ⑤ 할아버지는 오늘 아침에 신문을 읽으셨다.

05 ① 일반동사 과거 의문문의 형태는 'Did+주어+동사원형 ~?'이에요. (→ Did he bake a cake for her birthday?) ④ 일반동사 과거 의문문에서 뒤의 동사는 동사원형으로 써야 해요. (→ Did they come to the party?)

① 그는 그 여자의 생일 선물로 케이크를 구웠니? ② 그들은 그 소식을 들었니? ③ 제인은 숙제를 끝냈니? ④ 그들은 그 파티에 왔니? ⑤ 너는 시험에서 실수를 했니?

06 ③ '그들은 밖에서 노는 중이었니?'라고 물었는데 '아니야. 그들은 밖에서 노는 중이었어.'라고 대답하니 어색해요. 다른 것을 하고 있었다는 설명이 나와야겠죠.

① A: 너희는 소파에 앉아 있었니? B: 응. 우리는 텔레비전을 보고 있었어. ② A: 그 여자는 화가 났었니? B: 아니야. 차분해 보였어. ④ A: 그 영화는 재미있었니? B: 응. 아주 흥미진진했어. ⑤ A: 학생들은 수업 중에 조용했니? B: 아니. 시끄러웠어.

07 올바른 문장은 ⓒ, ⓓ예요. ⓐ는 시제가 현재 진행형(are having)인데 뒤에 과거를 나타내는 표현(yesterday)이 나와서 어색해요. (→ They were having fun on the playground yesterday.) ⓑ 주어가 3인칭 단수(Jessica)이므로 be동사 과거형은 was가 되어야 해요. (→ Jessica was taking a shower this morning.)

ⓐ 그들은 어제 놀이터에서 즐겁게 놀고 있었다. ⓑ 제시카는 오늘 아침에 샤워를 하는 중이었다. ⓒ 헨리는 어젯밤에 텔레비전을 보고 있었다. ⓓ 우리는 도서관에서 책을 읽는 중이었다.

08 ③ 일반동사 과거 부정문에서 didn't 뒤의 동사는 동사원형으로 써야 해요. (→ Eva didn't want his advice.)

① 내 아들은 컴퓨터 게임을 하고 있지 않았다. ② 그들은 칠판을 보고 있었다. ③ 에바는 그의 충고를 원하지 않았다. ④ 그들은 매일 열심히 연습했다. ⑤ 그는 아침으로 시리얼을 먹는 중이었다.

09 문장 끝에 시간을 나타내는 표현을 보고 시제를 판단하면 돼요. ②는 '지금(now)'이니까 현재 시제라는 걸 알 수 있고, 주어가 you이므로 빈칸에 들어갈 말은 Do가 되겠죠. 나머지는 모두 과거를 나타내는 표현이 나오니까 빈칸에 들어갈 말은 Did예요.

① 너 어젯밤에 나에게 전화했니? ② 너 지금 펜 갖고 있니? ③ 너 지난주에 마리아를 만났니? ④ 그들은 지난 주말에 조부모님을 찾아뵈었니? ⑤ 그 여자는 어제 자기 개를 산책시켰니?

10 뒤에 나오는 동사가 모두 '동사-ing' 형태니까 진행형인데, 뒤에 나오는 시간 표현이 모두 과거이기 때문에 과거 진행형이라는 것을 알 수 있어요. 따라서 빈칸에는 be동사의 과거형이 들어가야 해요. be동사는 주어에 맞게 써 주어야 하죠? ①은 주어가 you니까 be동사는 were가 되어야 하고, 나머지는 모두 주어가 3인칭 단수여서 was가 알맞아요.

① 너는 어제 자전거를 타는 중이었니? ② 너희 아버지는 오늘 아침에 요리를 하시는 중이었니? ③ 알베르토는 어젯밤에 공부하는 중이었니? ④ 켐프 씨는 지난 주말에 호수에서 낚시를 하고 계셨니? ⑤ 네 개는 어젯밤에 자고 있었니?

11 (1) 주어가 3인칭 단수(Allison)이니까 알맞은 be동사 과거형은 was예요. (앨리슨은 영화를 보는 중이었다.)

(2) 주어가 복수 명사(David and Anna)니까 알맞은 be동사 과거형은 were예요. (데이비드와 애나는 좋은 시간을 보내고 있었다.)

(3) 일반동사 과거 의문문에서 뒤의 동사는 동사원형으로 써야 해요. (너는 저녁을 먹었니?)

(4) 마찬가지로 뒤의 동사 sing을 동사원형으로 써야 해요. (너는 무대에서 '렛 잇 고'를 불렀니?)

12 (1) be동사 과거 부정문이니까 긍정문으로 만들려면 not만 없애면 돼요. (그 파티는 아주 재미있지 않았다. → 그 파티는 아주 재미있었다.)

(2) 과거 진행형 긍정문을 부정문으로 만들려면 be동사 뒤에 not을 써 주면 돼요. (그 사자들은 바위 위에서 자고 있었다. → 그 사자들은 바위 위에서 자고 있지 않았다.)

13 A의 말은 일반동사 과거 의문문이니까 'Did + 주어 + 동사원형 ~?'으로 써요. B의 대답은 부정이니까 'No, 주어 + didn't.'로 하고, 뒤에 덧붙이는 말에는 give 과거형 gave를 쓰면 돼요.

14 (1) go는 불규칙 동사로 과거형이 went예요.

(2) 주어가 복수 명사(the buildings)니까 be동사 과거형은 were가 되어야 해요.

(3) eat은 불규칙 동사로 과거형이 ate예요.

(4) enjoy의 과거형은 enjoyed예요.

앨리슨은 지난주에 스페인 바르셀로나를 방문했다. 그녀는 도시 투어를 했다. 그녀는 그 도시에서 많은 건물을 보았다. 건물들은 아름다웠다. 그녀는 유명한 음식점들에서 먹었다. 음식은 훌륭했다. 그녀는 여행을 정말로 즐겼다.

과거 개념 정리

•71쪽•

01 was, were

02 뒤, wasn't, weren't, 주어, 동사

03 ed, d, i, ed, 자음, ed

04 불규칙, went, ate

05 didn't, Did, 동사원형

06 진행형, 과거, ing

Chapter 3 : 미래

UNIT 15 will (1)
•74쪽•

A

1 과거	2 미래
3 현재	4 미래
5 과거	

시제를 구분하는 연습은 굉장히 중요해요. 잘 모르겠으면 우리말로 해석해 보고 현재인지, 과거인지, 미래인지 생각해 보세요.

B

1 will cook	2 will play
3 will study	

will은 주어에 따라 형태가 달라지지 않고, will 뒤에는 반드시 동사원형이 와야 해요.

C

1 will not	2 We'll
3 I'll	4 won't

will not의 줄임말이 won't라는 것을 꼭 기억하세요.

D

1 is → be

2 won't not → won't

1 will 뒤에는 동사원형이 와야 하니 is의 원형 be를 써요.

2 won't에 not이 포함되어 있으니 뒤에 not을 또 쓰면 안 되겠죠.

 **will (2)** • 76쪽 •

A
1 Will you go   2 Will he read
3 Will she buy

will 의문문은 'Will+주어+동사원형 ~?'의 형태예요.

B
1 케이트는 샌드위치를 만들 거니?
2 창문을 좀 열어 주시겠어요?

1번에서 will은 미래에 '~할 것이다'라는 의미이고, 2번에서 Will you ~?는 부탁이나 요청의 의미로 사용되었어요.

C
1 Will, I   2 she won't
3 they won't

will 의문문에 대한 대답은 긍정일 때는 'Yes, 주어+will.'로, 부정일 때는 'No, 주어+won't.'로 합니다.

D
1 B의 you → I   2 B의 will → won't

1 Will you ~?로 물었으니까 대답은 I로 해야죠.
2 No로 대답했으니까 뒤에는 won't가 와야 해요.

UNIT 17 be going to (1) • 78쪽 •

A
1 is, 그는 텔레비전을 고칠 것이다. (= 그는 텔레비전을 고치려고 한다. = 그는 텔레비전을 고칠 예정이다.)
2 am, 나는 설거지를 할 것이다. (= 나는 설거지를 하려고 한다. = 나는 설거지를 할 예정이다.)

be going to에서 'be'는 be동사의 현재형을 말해요.

B
1 is going to clean
2 am going to finish
3 is going to watch

be going to 뒤에는 동사원형이 옵니다.

C
1 We are not going to take
(= We aren't going to take)
2 She is not going to live
(= She isn't going to live)
3 I am not going to get up
(= I'm not going to get up)

be going to의 부정문은 be동사 뒤에 not을 붙여요.

D
1 They are not going to learn Korean.
2 I am going to be late for school.
(= I'm going to be late for school.)

1 be going to에서 to를 빼먹으면 안 돼요.
2 be going to에서 'be'는 be동사의 현재형을 말해요. 그냥 'be'라고 쓰면 안 돼요.

UNIT 18 be going to (2), 현재 진행형 • 80쪽 •

A
1 Are, are   2 Is, isn't

be going to 의문문은 주어와 be동사의 위치를 바꾸면 돼요. 긍정의 대답은 'Yes, 주어+be동사.'로, 부정의 대답은 'No, 주어+be동사+not.'으로 해요.

B
1 c   2 b
3 a

주어를 잘 비교해서 어울리는 질문과 대답을 연결하세요.

C
1 am leaving   2 is going
3 are having

모두 현재 진행형으로 예정된 가까운 미래를 나타내는 문장이에요. 뒤에 시간 표현이 나오는 것을 보면 미래를 나타내는 것임을 알 수 있어요.

D
1 Steve is staying home tonight.
2 We are visiting our grandparents next week.

오늘 밤(tonight), 다음 주(next week)처럼 미래를 나타내는 시간 표현과 함께 현재 진행형을 써서 미래를 나타내는 문장이에요.

•82쪽•

A
1 will exercise, is going to exercise
2 is going to visit Mike, is visiting Mike

미래를 나타내는 세 가지 방법인 will, be going to, 현재 진행형을 확실히 기억하세요.

B
1 A: Will you learn Spanish?
  B: Yes, I will.
2 A: Is he going to go fishing?
  B: Yes, he is.
3 A: Will they play tennis after school?
  B: No, they won't. They will play basketball.
4 A: Are you going to go to bed early tonight?
  B: No, I'm not.
5 A: Is Becky going to clean the house?
  B: No, she isn't.

빈칸 개수에 맞게 will과 be going to 중 알맞은 것을 쓰면 돼요.

C
1 I will not leave you alone.
  (= I won't leave you alone.)
2 They're going to the amusement park tomorrow. (= They're going to go to the amusement park tomorrow.)
3 She'll finish her homework first.

1 will의 부정은 will not(= won't)이에요. not을 앞에 쓰면 안 돼요.

2 They're는 They are의 줄임말로 그 안에 be동사가 있고, 뒤에 미래를 나타내는 시간 표현(tomorrow)이 있으므로, 현재 진행형으로 미래를 나타내는 문장이에요. 따라서 go를 going으로 고쳐요. 또는 be going to를 써도 돼요.

3 will 뒤에는 동사원형이 와야 해요.

D
1 Will you help me?
2 We're going to win the race.
3 He will not buy a phone for his son.
  (= He won't buy a phone for his son.)

1 will 의문문은 주어와 will의 위치를 바꿔요.

2 be going to 부정문을 긍정문으로 만들려면 not을 없애면 돼요.

3 will의 부정문은 will not(= won't)으로 써요.

E
1 Yes, he is.
2 No, he isn't. He is going to study math.
3 No, he isn't. He is going to play soccer.

be going to 의문문의 답을 어떻게 하는지 잘 기억해 두세요.

1 토요일에 할아버지를 방문하는 것이 맞으므로 긍정의 대답을 해요.

2 일요일에는 역사가 아니라 수학을 공부할 예정이므로 부정의 대답을 해요.

3 일요일에 야구가 아니라 축구를 하기로 했으므로 부정의 대답을 해요.

CHAPTER REVIEW

•84쪽•

01 ④	02 ⑤	03 ③
04 ③ ④	05 ⑤	06 ③
07 ④	08 ④	09 ④
10 ② ③	11 ①	12 ②

13 (1) I will be a pilot in the future.
   (2) We are going to move to Daejeon next year.

14 (1) do (2) travel (3) stay (4) do (5) ride

15 I am playing badminton with Hyemin tomorrow.

01 will과 be going to는 비슷한 의미예요. be going to의 'be'는 be동사의 현재형이라 주어에 맞춰 am, are, is 중 하나로 써 주어야 해요. 여기서는 주어가 he니까 ④ is going to visit으로 써야 해요.

02 ⑤ will 뒤에는 동사원형이 와야 해요. (→ Emily will play the piano after school.)

① 그들은 이번 여름에 우리를 방문하지 않을 것이다. ② 나는 이제부터 열심히 공부할 것이다. ③ 내 친구들은 곧 여기

올 것이다. ④ 루시는 오늘 저녁에 샤워를 하지 않을 것이다. ⑤ 에밀리는 방과 후에 피아노를 칠 것이다.

03 ③ will 뒤에는 동사원형이 와야 해요. (→ She will study science tomorrow.)

① 그 남자아이는 우리와 같이 머무르지 않을 것이다. ② 그들은 박물관에 갈 것이다. ③ 샐리는 내일 과학을 공부할 것이다. ④ 우리는 이번 여름에 영국으로 여행 갈 것이다. ⑤ 우리는 내년에 같은 반에 있을까?

04 ① 주어가 3인칭 단수(My sister)이므로 be동사는 is가 되어야 해요. (→ My sister is going to wash the dishes.) ② be going to 뒤에는 동사원형이 와요. (→ He is going to be here in five minutes.) ⑤ be going to 문장이므로 go가 going이 되어야 해요. (→ Helen and Tom are not going to watch TV tonight.)

① 언니는 설거지를 할 것이다. ② 그는 5분 안에 여기 올 것이다. ③ 나는 오늘 오후에 친구들을 만날 예정이다. ④ 그 여자는 이번 주말에 쉬려고 한다. ⑤ 헬렌과 톰은 오늘 저녁에 텔레비전을 보지 않을 것이다.

05 ⑤ be going to로 물었는데 will로 대답했으므로 어법상 자연스럽지 않아요. (→ No, I'm not.)

① A: 너는 내 생일 파티에 올 거니? B: 응, 갈게. ② A: 너이 피자 먹을 거야? B: 아니. ③ A: 데이비드가 나에게 데이트를 신청할까? B: 응, 그럴 거야. ④ A: 오늘 비가 올 건가? B: 응, 그럴 거야. ⑤ A: 너 이 책 읽을 거야? B: 아니, 안 읽을 거야.

06 가까운 미래이고 확실히 예정된 일은 ③처럼 현재 진행형으로 미래를 나타낼 수 있어요.

07 ① → will enjoy ② → study ③ → will not 또는 won't ⑤ → will go 또는 are going 또는 are going to go

① 메리는 그 음악 축제를 즐길 것이다. ② 우리는 도서관에서 공부할 것이다. ③ 리사는 오늘 점심을 먹지 않을 것이다. ④ 너는 이번 일요일에 테니스를 칠 거니? ⑤ 그들은 이번 주말에 강릉에 갈 것이다.

08 ④처럼 'will+동사원형'으로 미래를 나타내요. will은 주어가 3인칭 단수여도 형태가 변하지 않고, will 뒤에는 항상 동사원형이 와요.

09 will 의문문으로 물었고, 내용상 부정의 대답이 들어가야 하므로 ④ No, they won't가 알맞아요.

A: 미래에 학생들은 학교에 걸어갈까?
B: 아니, 아닐 거야. 그들은 학교에 날아갈 거야.

10 ② → He is going to arrive late tonight. ③ → Amy and I are going to eat pizza.

① 우리는 내일 집에 있으려고 해. ② 그는 오늘 밤 늦게 도착할 예정이다. ③ 에이미와 나는 피자를 먹을 것이다. ④ 그들

은 프랑스어를 배우려고 한다. ⑤ 엄마는 헬스클럽에서 운동하실 것이다.

11 will 뒤에는 동사원형이 와야 해요.

A: 그 축구 경기는 몇 시에 시작할 거야?
B: 8시 30분에 시작할 거야.

12 미래를 나타내는 be going to에서 to를 빼먹지 않도록 주의하세요.

A: 너는 이번 주말에 쇼핑할 예정이니?
B: 응, 그래. 나는 새 신발을 사려고 해.

13 ⑴은 will을 사용한 미래 표현이고 ⑵는 be going to를 사용한 미래 표현이에요. ⑴처럼 막연한 예측을 나타낼 때는 will이, ⑵처럼 예정되어 있거나 계획하고 있는 일에는 be going to가 잘 어울려요.

14 A: 너는 여름 방학 동안 뭘 하려고 하니?
B: 나는 가족과 제주도로 여행 갈 거야.
A: 거기서 얼마나 오래 머물 예정이야?
B: 우리는 4일 동안 머물 예정이야.
A: 뭘 할 거니?
B: 많은 것들! 하지만 무엇보다도, 나는 말을 타려고 해! 너무 신나.
A: 멋지네.

15 현재 진행형으로 확실히 예정된 가까운 미래를 나타낼 수 있어요. 답이 7단어이므로 I am을 I'm으로 쓰지 않도록 주의하세요!.

미래 개념 정리
•87쪽•

01 미래, will, going, 진행
02 것이다, 동사원형
03 not, 동사원형, won't
04 will, will, won't
05 예정, 현재
06 뒤, 동사, not
07 진행형

UNIT 19 조동사 개념, can(1)   •90쪽•

A
1 can   2 will
3 can   4 may
5 must

각 조동사의 우리말 뜻을 잘 기억하세요. can은 '~할 수 있다', will은 '~할 것이다', may는 '~할지도 모른다', must는 '~해야 한다'예요.

B
1 Peter can play baseball.
2 The students must be quiet.
3 Janice may win the race.
4 I will open the window.

조동사 뒤에는 항상 동사원형이 와요.

C
1 능력   2 허락
3 허락   4 능력

can은 '~할 수 있다'라는 '능력'의 의미와 '~해도 된다'라는 '허락'의 의미를 나타내요.

D
1 Tony can sing K-pop songs.
2 OK
3 You can use my eraser.

1 can은 주어가 3인칭 단수여도 형태가 변하지 않아요.
3 can 뒤에는 동사원형이 와요.

UNIT 20 can(2)   •92쪽•

A
1 can't   2 cannot
3 can't   4 can't

2 can not을 띄어 쓰면 안 돼요. cannot으로 붙여 쓰거나 줄여서 can't로 써야 합니다.

B
1 can't   2 cannot

우리말로 '~할 수 없다'에 해당하는 말은 can't(= cannot)예요.

C
1 Can you sing songs in English?
2 Can she play tennis?

can의 의문문은 주어와 can의 위치를 바꾸면 돼요.

D
1 Yes, you can.   2 No, you can't.
3 No, you can't.   4 Yes, you can.

Can I로 시작하는 의문문은 부탁하거나 허락을 구할 때 자주 쓰여요. 이에 대한 긍정의 대답은 'Yes, you can.'으로, 부정의 대답은 'No, you can't.'로 해요.

UNIT 21 may   •94쪽•

A
1 may   2 may

1 눈이 올 가능성이 60%이므로 '눈이 올지도 모른다'는 의미로 may를 쓰는 것이 알맞아요.
2 아이가 미끄러져서 넘어질지도 모르는 상황이므로 may를 쓰는 것이 자연스러워요.

B
1 may   2 may
3 may not   4 may not
5 may not

1, 3, 4번은 may가 '~할지도 모른다'라는 '추측'의 의미로 사용되었고 2, 5번은 '~해도 된다'라는 '허락'의 의미로 쓰였어요.

C
1 May I eat these?
2 May I sit here?
3 May I ask a question?

may 의문문은 주로 May I ~?의 형태로 허락을 구할 때 써요.

D
1 score   2 may not
3 may not answer   4 May I

1 may는 조동사이므로 뒤에는 동사원형이 와야 해요.

2 may not은 줄여 쓸 수 없어요.

3 may의 부정문은 may 바로 뒤에 not을 써요.

4 may 의문문은 may가 주어 앞에 와야 해요.

MINI REVIEW Units **19-21**   •96쪽•

A
| **1** 능력 | **2** 능력 없음 |
| **3** 허락 | **4** 추측 |

조동사는 하나 이상의 의미를 가지는 것이 많으니 문맥에 따라 의미를 잘 구분하는 연습을 하세요.

B
1 Can I play computer games?
2 She may not be a math teacher.
3 You may not come in now.
4 Robert can understand German.
5 She can jump rope for 30 minutes.

1 나는 컴퓨터 게임을 할 수 있다. → 컴퓨터 게임을 해도 되나요?

2 그 여자는 수학 선생님일지도 모른다. → 그 여자는 수학 선생님이 아닐지도 모른다.

3 너 지금 들어와도 돼. → 너 지금 들어오면 안 돼.

4 로버트는 독일어를 이해할 수 없다. → 로버트는 독일어를 이해할 수 있다.

5 그 애는 30분 동안 줄넘기할 수 있니? → 그 애는 30분 동안 줄넘기할 수 있다.

C
1 He may be American.
2 I cannot help you right now.
   (= I can't help you right now.)
3 Yunjun can play the drums.

1 조동사 뒤에는 동사원형이 와요.

2 can not은 cannot으로 붙여 쓰거나 can't로 줄여 써요.

3 조동사인 can은 주어에 따라 형태가 달라지지 않고, can 뒤에는 동사원형이 와요.

D
1 Can I call you later?
2 I can't have dinner now.
3 You may bring your friends to the party.

E
| **1** May I | **2** I can't |
| **3** cannot | |

A: 실례합니다.
B: 네, 선생님. 도와드릴까요?
A: 네, 그래 주세요. 표지판이 잘 안 보여요.
B: "이 안에서 사진을 찍을 수 없습니다."라고 쓰여 있습니다.
A: 그렇군요. 감사합니다.

UNIT 22 **must**   •98쪽•

A
1 너는 네 방을 치워야 한다.
2 그는 틀림없이 목이 마를 것이다.

1번에서는 must가 '~해야 한다'라는 '의무'를 나타내고, 2번에서는 '틀림없이 ~할 것이다'라는 '강한 추측'의 의미를 나타내요.

B
| **1** must | **2** may |
| **3** must | **4** must |

2번의 may는 '~일지도 모른다'라는 약한 추측을 나타내고, 4번의 must는 '틀림없이 ~일 것이다'라는 강한 추측을 나타내요.

C
| **1** mustn't | **2** must |
| **3** must not | **4** must |

그림을 보고 전달하려는 내용이 어떤 것인지 생각해 보세요.

D
1 You must not be late for school.
2 Must she say sorry to you?

1 must not 뒤에 동사(동사원형)가 와야 해요. 동사원형 be를 빼먹으면 안 돼요.

2 조동사가 나오는 문장의 동사는 항상 동사원형으로 써요.

A
1 has to, get up
2 has to, make breakfast
3 have to, clean their room

주어가 3인칭 단수일 때 have to는 has to로 형태가 변하는 것에 주의하세요.

B
1 has to　　2 have to
3 must 또는 has to

1 주어가 3인칭 단수(he)이므로 has to로 고쳐야 해요.
2 주어가 복수(Sam and Alice)이므로 have to로 고쳐야 해요.
3 must는 뒤에 동사원형이 와야 하고 to가 나오면 안 돼요. must는 주어에 따라 형태가 변하지 않지만, have to는 주어에 맞게 써 주어야 해요.

C
1 must not　　2 don't have to

1번은 '잊으면 안 된다'라는 의미니까 must not을 써야 하고, 2번은 '학교에 가지 않아도 된다'라는 의미니까 don't have to가 어울려요.

D
1 Do I have to 또는 Must I
2 doesn't have to　3 don't have to
4 must not　　5 have to

1 have to의 의문문은 'Do/Does+주어+have to ~?'의 형태예요. 다른 조동사처럼 have to를 주어 앞으로 보내면 안 돼요. Must I wash my hands?도 문법적으로 틀리지 않지만, Must ~? 의문문은 실제로는 별로 쓰지 않아요.
2 don't have to는 주어가 3인칭 단수일 때 doesn't have to로 형태가 바뀌어요.
3 '~하지 않아도 된다'는 must not이 아니라 don't have to예요.
4 '~하면 안 된다'는 don't have to가 아니라 must not이에요.
5 must 의문문은 must가 주어 앞으로 가야 해요. 여기서는 주어 앞에 Does가 있으니까 뒤에 must 대신 have to를 써야 해요.

A
1 couldn't　　2 could not
3 could　　　4 could not

그림을 보고 '~할 수 있었다'와 '~할 수 없었다' 중 어느 것이 어울리는지 생각해 보세요.

B
1 could swim　　2 Could

2 Can you ~? 대신 Could you ~?를 쓰면 더 공손한 표현이 돼요.

C
1 had to　　2 didn't have to

1 옷이 더러우니까 '그는 샤워를 해야 했다.'라는 의미가 어울려요.
2 남자가 한가롭게 해변에 누워 있으니 '일을 하지 않아도 되었다'라는 의미가 어울려요.

D
1 didn't have to　2 had to
3 didn't

1 '~하지 않아도 되었다'는 didn't have to예요.
2 must는 과거형이 없어서 had to로 나타내야 해요.
3 과거 시제니까 don't를 didn't로 고쳐야 해요.

MINI REVIEW Units *22-24* •104쪽•

A
1 ~해야 한다　　2 ~하면 안 된다
3 ~해야 한다　　4 ~하지 않아도 된다
5 ~할 수 있었다　6 ~할 수 없었다
7 ~해야 했다　　8 ~하지 않아도 되었다

B
1 couldn't　　2 have to
3 has to　　　4 could not
5 could

1 문이 닫혀 있으므로 '그는 음식점에 들어갈 수 없었다'는 의미가 되도록 couldn't를 쓰는 것이 알맞아요.
2 줄을 서서 기다려야 하는 상황이므로 '~해야 한다'라는 뜻의 have to가 알맞아요.

3 아파서 침대에 누워 있어야 하는 상황이므로 '~해야 한다'라는 뜻의 have to를 쓰는데 주어가 3인칭 단수이므로 has to로 써요.

4 엘리베이터 고장으로 이용할 수 없는 상황이므로 '~할 수 없었다'라는 뜻의 could not이 알맞아요.

5 케이크가 하나 남아 있으므로 '마지막 케이크 조각을 살 수 있었다'는 의미로 could를 쓰는 것이 알맞아요.

C
> **1** We must not talk loudly on the subway.
>
> **2** Jason has to take care of his sister. (= Jason must take care of his sister.)
>
> **3** I didn't have to cook dinner.

1 must의 부정문은 must 뒤에 not이 와요.

2 have to는 주어가 3인칭 단수일 때 has to로 써야 해요. have to 대신 must를 써도 돼요.

3 '~하지 않아도 되었다'라는 표현은 didn't have to예요. didn't가 이미 과거이기 때문에 have까지 과거형으로 쓰면 안 돼요.

D
> **1** You must not sing loudly at night.
>
> **2** Yerin doesn't have to wear glasses.
>
> **3** Do I have to say sorry to her?

1 너는 밤에 큰 소리로 노래하면 안 된다.

2 예린이는 안경을 쓸 필요가 없다.

3 내가 그 애에게 미안하다고 해야 하니?

E
> **1** had to **2** had to
>
> **3** had to **4** had to, could
>
> **5** didn't have to

1 월요일에 앨런은 수학을 공부해야 했다.

2 화요일에 앨런은 피아노 레슨에 가야 했다.

3 수요일에 앨런은 영어를 공부해야 했다.

4 목요일에 앨런은 숙제를 해야 했다. 그 후에 그는 게임을 할 수 있었다.

5 금요일은 자유의 날이었다. 앨런은 공부하지 않아도 되었다.

01 ②	**02** ①	**03** ④
04 ④	**05** ② ④ ⑤	**06** ① ③
07 ③	**08** ②	**09** ⑤
10 ④	**11** ③ ⑤	

12 (1) Yes, she can. (2) No, she can't.

13 (1) I don't have to get up early tomorrow.

(2) You must not cross the road at a red light. (You cannot[can't] cross the road at a red light. 또는 You may not cross the road at a red light.도 가능)

14 (1) must (have to도 가능)

(2) must not (may not / cannot / can't도 가능)

(3) can (may도 가능)

01 ① can: ~할 수 있다 ③ have to: ~해야 한다 ④ must: ~해야 한다 ⑤ don't have to: ~하지 않아도 된다

02 ①에서는 '~할지도 모른다'라는 '추측'의 의미이고, 나머지에서는 '~해도 된다'라는 '허락'의 의미를 나타내요.

① 그는 나를 기억할지도 모른다. ② 저 만화책 읽어도 돼요? ③ 너는 지금 쉬어도 된다. ④ 내가 라디오를 켜도 되니? ⑤ 내 펜을 써도 돼. 여기 있어.

03 must와 have to는 의미가 거의 같아요. (너는 이 노래를 들어야 해. 엄청 좋아!)

04 ④ must와 have to를 같이 쓰면 안 돼요. (→ Do I have to wash the dishes? 또는 Must I wash the dishes?)

05 ② can+동사원형 (→ Brian can win the contest.) ④ must의 형태는 항상 같아요. 주어에 따라 형태가 변하지 않아요. (→ He must go to bed early.) ⑤ had to+동사원형 (→ They had to turn off the TV.)

① 나는 밤새 깨어 있을지도 모른다. ② 브라이언은 그 대회에서 우승할 수 있다. ③ 그 고양이는 틀림없이 배가 고플 것이다. ④ 그는 일찍 잠자리에 들어야 한다. ⑤ 그들은 텔레비전을 꺼야 했다.

06 ② may+동사원형 (→ You may be right.) ④ had to+동사원형 (→ Susan had to bathe her dog.) ⑤ (→ You didn't have to read the book.)

① 그는 테니스를 잘 칠 수 있었다. ② 네가 맞을지도 몰라. ③ 제이미는 집까지 걸어가야 했다. ④ 수전은 개를 목욕시켜야 했다. ⑤ 너는 그 책을 읽을 필요가 없었다.

07 ③ must는 과거형이 없어서 had to로 써야 해요. (→ Sally had to wake up early.)

① 너는 전화기를 사용하면 안 된다. ② 그들이 우리에게 비밀을 말해 줄까? ③ 샐리는 일찍 일어나야 했다. ④ 내가 길을 건너야 하니? ⑤ 나는 3분 동안 숨을 참을 수 있었다.

08 ② 주어에 따라 can의 형태가 변하지 않아요. (→ B: Yes, she can.)

① A: 제가 헬멧을 써야 하나요? B: 네, 그래요. ② A: 앨리스는 바이올린을 연주할 수 있니? B: 응, 할 수 있어. ③ A: 저 화장실에 가도 되나요? B: 응, 그래. ④ A: 너 내 숙제 도와줄 수 있니? B: 아니, 안 돼. ⑤ A: 당신의 전화번호를 물어봐도 될까요? B: 아니, 안 돼요.

09 ⑤ had to는 '～해야 했다'로 과거를 의미하기 때문에 미래를 나타내는 표현 tomorrow와 어울리지 않아요.

10 과거를 나타내는 표현 had to가 쓰였으므로, 빈칸에는 과거 시간 표현이 들어가야 해요. next week는 '다음 주'로 미래를 나타내는 표현이라 어울리지 않아요.

11 '～해야 한다'를 의미하는 조동사 must 또는 have to를 쓸 수 있는데, 주어가 3인칭 단수이므로 have to는 has to로 써야 해요.

12 그림을 보면 케이트가 그림을 잘 그리고 요리는 잘 못하는 것을 알 수 있어요. 따라서 (1)에는 긍정으로, (2)에는 부정으로 대답하면 돼요.

13 (1) '～하지 않아도 된다'라는 표현은 don't have to예요.

(2) '～하면 안 된다'에 해당하는 표현은 must not, cannot [can't], may not이 있어요.

14 (1) 조용히 말해야 하므로 '～해야 한다'라는 뜻의 must 또는 have to를 써요.

(2) 먹거나 마시면 안 되므로 '～하면 안 된다'라는 뜻의 must not, cannot[can't], may not을 쓸 수 있어요.

(3) '도움을 받기 위해 사서에게 문의할 수 있다' 또는 '도움을 받기 위해 사서에게 문의해도 된다'라는 의미이므로 can 또는 may가 알맞아요.

• 109쪽 •
조동사 개념 정리

01 의미, 동사원형
02 능력, 허락, cannot, can't, can
03 추측, 허락, may
04 의무, 추측, mustn't, must
05 must, has, don't, doesn't
06 could, had

UNIT **25** 장소 전치사(1)
• 112쪽 •

A
| 1 in front of | 2 behind |
| 3 behind | 4 in front of |

in front of는 '～ 앞에', behind는 '～ 뒤에'.

B
| 1 behind Frank |
| 2 in front of the shop |

주어가 바뀌면 in front of는 behind가 되고, behind는 in front of가 되겠죠?

C
1 next to	2 behind
3 between	4 in front of
5 in front of	

D
| 1 next to | 2 between, and |

1 '～ 옆에'는 next to
2 'A와 B 사이에'는 between A and B로 나타내요.

UNIT **26** 장소 전치사(2)
• 114쪽 •

A
| 1 up | 2 down |
| 3 down | 4 up |

위로 움직이는 것은 up으로, 아래로 움직이는 것은 down으로 나타내요.

B
| 1 up → down |
| 2 down → up |

1 '아래로'니까 down을 써요.
2 '위로'니까 up을 써요.

C
| 1 over | 2 on |
| 3 under | 4 under |

1 사진들이 책상 위쪽에 떠 있으므로 over를 써야 해요.

2 사진이 책상 위에 붙어 있으므로 on을 써요.

3 개가 탁자 아래에 있으므로 under를 써요.

4 선물들이 나무 아래에 있으므로 under를 써요.

D | **1** over | **2** under |

1 새가 산에 딱 붙어서 날아가는 것이 아니라 산 위 공중을 날아가니까 over를 써야 해요.

2 우산이 책상 '아래에 있는 상태'니까 under를 써요. down 은 아래로 움직이는 방향을 나타내요.

E | **1** Walk up the hill |
| **2** a cave behind the rock |
| **3** a pond between the stones |
| **4** The treasure is under the water |

MINI REVIEW Units 25-26 ·116쪽·

A | **1** ~ 사이에 | **2** ~ 뒤에 |
3 ~ 위에, 위쪽에(위치)	**4** ~ 옆에
5 ~ 아래로(방향)	**6** ~ 앞에
7 ~ 위로(방향)	**8** ~ 아래에(위치)

전치사는 일상에서 정말 많이 사용되는 말이니까 각각의 의미를 꼭 알아 두세요.

B | **1** between | **2** behind |
| **3** up | **4** under |

1 그 개는 고양이들 사이에 있다. (between+복수 명사)

2 그 남자아이는 어머니 뒤에 있다.

3 그 여자는 산을 오르고 있다.

4 그 코끼리는 나무 아래에 있다.

C | **1** My grandfather walked up the stairs slowly. |
| **2** Tina was sitting between her sisters. |

1 할아버지가 계단을 '올라'가셨다고 했으므로 down이 아니라 '위로'의 방향을 뜻하는 up을 써야 해요.

2 '언니들 사이에' 앉아 있었다고 했으므로 between 뒤에 복수 명사 sisters가 와야 해요.

D | **1** My room is next to the kitchen. |
| **2** Lisa waited for him in front of the school. |

UNIT 27 시간 전치사 ·118쪽·

A | **1** before | **2** during |
| **3** after |

1번은 식사를 주문하는 그림이므로 before를 쓰고, 2번은 식사 중이므로 during, 3번은 식사 후에 계산하는 것이므로 after를 써요.

B | **1** during | **2** before |
| **3** after | **4** before |
| **5** during |

'~ 동안', '~ 중에'는 during, '~ 전에'는 before, '~ 후에' 는 after.

C | **1** around | **2** until |
| **3** by |

1 '~쯤'이라는 뜻의 전치사는 around예요.

2 2020년까지 계속 영국에 산 것이므로 전치사 until을 써 야 해요.

3 내일이라는 기한까지 책 반납을 완료해야 하는 것이므로 전치사 by를 써요.

D | **1** around, 그 축구 경기는 자정쯤 끝날 것이다. |
| **2** by, 너는 금요일까지 그 이메일을 보내야 한다. |

1 '축구 경기가 자정쯤 끝날 것이다.'라는 의미가 자연스러 우므로 around가 알맞아요. until은 어느 때까지 계속 행 동을 하는 것을 말하는데, 그러면 '축구 경기가 자정까지 계속 끝날 것이다'라는 의미가 되어 이상하죠.

2 '금요일'이라는 기한까지 행동을 완료해야 한다는 것이므 로 전치사 by가 알맞아요. 여기서도 until을 쓰면 금요일 까지 이메일을 계속해서 보내야 한다는 의미가 되어 어색 해요.

UNIT 28 기타 중요 전치사 · 120쪽 ·

A
| 1 to | 2 from |
| 3 from, to | |

1 여기서 to는 '~에', '~로'의 뜻이에요. (나는 강릉에 갈 거야.)

2 여기서 from은 '~에서', '~로부터'의 뜻이에요. (나는 케냐에서 왔어.)

3 여기서 from A to B는 'A부터 B까지'라는 뜻이에요. (그곳은 월요일부터 토요일까지 열어.)

B
| 1 from | 2 from |
| 3 to | 4 from, to |

C
| 1 about | 2 with |
| 3 of | 4 of |

1 about: ~에 대한 (그는 로봇에 대한 책을 읽고 있다.)

2 with: ~와 함께 (나는 친구들과 함께 영화를 보았다.)

3 of: ~의 (호랑이는 한국의 상징이다.)

4 of: ~ 중에 (그 문들 중 하나를 골라.)

D
| 1 about | 2 of |

1 '~에 대해서'이므로 about.

2 '~ 중'이므로 of.

MINI REVIEW Units 27-28 · 122쪽 ·

A
1 ~에 대한, ~에 대해	2 ~(로)부터, ~에서
3 ~와 함께	4 ~ 후에
5 ~ 동안	6 ~로, ~에게, ~까지
7 ~쯤	8 ~ 전에
9 ~의, ~ 중에	

각 전치사의 뜻을 정확히 기억하세요.

B
1 after	2 during
3 around	4 by
5 until	

4 '목요일'이라는 기한까지 일을 끝내야 하는 것이므로 by가 알맞아요.

5 작년까지 울산에 '계속 살았던' 것이므로 until이 알맞아요.

C
1 He came from Australia.
2 The kid knows a lot about dinosaurs.
3 Finish your homework by 6.

1 '~에서'이므로 to를 from으로 고쳐야 해요.

2 '~에 대한'이므로 with가 아니라 about이어야 해요.

3 6시라는 기한까지 끝내라는 것이므로 until을 by로 고쳐야 해요.

D
1 Let's meet around 2:30.
2 She went home after the concert.
3 Are Dmitri and Anna from Russia?
4 They told their names to us.
5 I have to wait until tomorrow.

1 2시 30분쯤 만나자.
2 그 여자는 공연 후에 집으로 갔다.
3 드미트리와 안나는 러시아에서 왔니?
4 그들은 그들의 이름을 우리에게 말해 주었다.
5 나는 내일까지 기다려야 한다.

E
1 until	2 After
3 to	4 with
5 until	6 around
7 about	

안녕! 내 이름은 김나래야. 나는 2021년까지 캐나다에 살았어. 그 후에 나는 한국에 왔어. 나는 조부모님과 같이 살아. 우리 부모님은 캐나다에 계셔. 부모님은 내년까지 거기 계실 예정이야. 나는 부모님이 많이 보고 싶어. 부모님은 매일 밤 10시쯤 나한테 전화하셔. 우리는 학교, 내 친구들, 선생님들에 대해서 얘기해.

UNIT 29 종속 접속사(1) •124쪽•

A
1 If it rains tomorrow: 종속절
   we can't go on a picnic: 주절
2 I didn't see your message: 주절
   because I was busy: 종속절

종속 접속사가 이끄는 절을 '종속절'이라고 하고, 다른 쪽 절은 '주절'이라고 해요. 그러니까 종속절을 찾으려면 먼저 종속 접속사를 찾으세요. 2번처럼 종속절이 앞에 오면 끝에 쉼표(,)를 찍어요.

B
1 while   2 because

1 '~하는 동안'이라는 의미의 접속사는 while이에요.
2 '~하기 때문에'라는 의미의 접속사는 because예요.

C
1 b   2 a
3 c

1 나는 미국을 방문했다 – 내가 다섯 살이었을 때
2 빌리는 다리를 부러뜨렸다 – 그가 스키를 타고 있었을 동안
3 전화가 울리고 있었다 – 내가 집에 왔을 때

D
1 during   2 while

1 뒤에 명사(class)가 왔으므로 전치사 during이 알맞아요.
2 뒤에 '주어+동사'가 있는 절(we were traveling)이 왔으므로 접속사 while이 알맞아요.

UNIT 30 종속 접속사(2) •126쪽•

A
1 because he was sick
2 because her father is from France
3 because I didn't have an umbrella

결과와 이유가 이어지는 것끼리 접속사 because를 사용해 연결해 보세요.
1 마크는 학교에 가지 않았다 – 아팠기 때문에
2 지은이는 프랑스어를 할 수 있다 – 그 애의 아버지가 프랑스에서 오셨기 때문에
3 나는 젖었다 – 우산을 가지고 있지 않았기 때문에

B
1 because   2 so

결과가 앞에 나오고 이유가 뒤에 나오면 because를 쓰고, 반대로 이유가 앞에 나오고 결과가 뒤에 나오면 so를 써요.

C
1 if you are sleepy
2 if you have a question
3 If you go to the store

1 자러 가라 – 네가 졸리면
2 손을 들어라 – 네가 질문이 있으면
3 네가 가게에 가면 – 우유 좀 사다 줘

D
1 study   2 takes

미래의 일에 대해 말할 때 if절에서는 현재 시제를 써야 해요. 2번에서는 주어가 3인칭 단수이므로 현재 시제로 고칠 때 동사 끝에 -s를 붙이는 것에 주의하세요.

MINI REVIEW Units 29-30 •128쪽•

A
1 Jihwan can't go to the party ⟨because⟩ he has to do his homework.
2 ⟨When⟩ I saw Vicky, she was reading a book.
3 ⟨If⟩ you don't hurry, you'll miss the plane.
4 My brother was playing a computer game ⟨while⟩ I was studying.

종속 접속사가 이끄는 절이 종속절이에요.

B
1 She was surprised when she heard the news.
2 I know her because she is a friend of my sister's.
3 I can finish my homework if you help me.
4 I went to Jeju-do when I was seven years old.
5 My grandfather fell asleep while he was watching TV.

종속절을 주절 앞에 쓸 수도 있어요.

1 그 여자는 그 소식을 들었을 때 놀랐다.

2 나는 그 애가 내 여동생의 친구라서 그 애를 알아.

3 네가 나를 도와주면 나는 숙제를 끝낼 수 있어.

4 나는 일곱 살이었을 때 제주도에 갔다.

5 할아버지는 텔레비전을 보시는 동안 잠이 드셨다.

C
1 I gave my dog a bone because it was his birthday.

2 Mom will be happy if I clean my room.

3 The package arrived while I was out.

1 I gave my dog a bone은 '결과'이고 뒤의 내용은 '이유'이므로 so가 아니라 because를 써야 해요.

2 미래의 일을 말할 때 if절은 현재 시제로 써야 해요.

3 during 뒤에 I was out이라는 절(주어+동사)이 오는데 during은 전치사라 뒤에 명사가 와야 해요. 따라서 during을 접속사 while로 고쳐야 해요.

D
1 키가 작아서

2 일곱 살이었을 때

3 저녁을 먹는 동안/먹으면서

E
1 because	2 while
3 When	4 While
5 when	6 because

오늘, 우리 개 맥스가 정원을 망쳐 놔서 엄마는 화가 나셨다. 엄마가 밖에 계시는 동안 그 일이 일어났다. 맥스는 나비를 보았을 때, 그것을 쫓았다. 맥스가 여기저기 뛰어다니는 동안 화분을 깼다. 엄마는 집에 오셨을 때 이것을 보셨다. 그것은 엄마가 가장 아끼시는 화분이었어서 엄마는 속상하셨다.

01 ⑤	**02** ②	**03** ⑤
04 ③ ⑤	**05** ①	**06** ①
07 ④	**08** ③	**09** ①

10 Seunghyun fell asleep while he was reading a book. 또는 While Seunghyun was reading a book, he fell asleep.

11 My grandfather takes a hot bath when he is tired.

12 in front of → by (before, at, around도 가능)

01 between 뒤에는 복수 명사가 오거나 A and B가 와야 하는데, 여기서는 단수 명사(the desk)가 왔으므로 적절하지 않아요.

02 '오후 10시'라는 기한까지 반납을 완료해야 하는 것이므로 전치사 by가 알맞아요.

03 '~와 함께'라는 뜻의 전치사는 with예요.

04 ① '~쯤'라는 뜻의 전치사는 around예요. (→ We eat lunch around noon.)

② '~ 안에'라는 뜻의 전치사는 in이에요. in front of는 '~ 앞에'예요. (→ The boxes are in the house.)

④ 담요 위에 '붙어 있는' 것이므로 전치사 on이 알맞아요. (→ My cat is sleeping on the blanket.)

05 • 엘리베이터 '앞에서' 기다릴 것이므로 in front of. (많은 사람이 엘리베이터 앞에서 기다리고 있다.)

• 체육 시간 '동안에' 농구를 하는 것이 자연스러우므로 during. (오늘 우리는 체육 시간 동안에 농구를 할 것이다.)

• 파티 '전에' 많은 것을 준비할 것이므로 before. (우리는 파티 전에 많은 것을 준비했다.)

06 ①에는 의미상 because가 들어가야 하고, 나머지는 when이 자연스러워요.

① 나는 추운 날씨를 좋아하지 않기 때문에 겨울을 좋아하지 않는다. ② 나는 어렸을 때 인도에 살았다. ③ 전화가 울렸을 때 그 여자는 목욕을 하는 중이었다. ④ 우리는 영화를 볼 때 항상 팝콘을 먹는다. ⑤ 그 선생님이 들어오셨을 때 학생들은 이야기하고 있었다.

07 ④ 서점은 소방서 옆이 아니라 카페 옆에 있어요. (→ The bookstore is next to the café.)

① 은행은 서점 앞에 있다. ② 빵집은 이발소 옆에 있다. ③ 소방서는 사탕 가게 뒤에 있다. ⑤ 카페는 교회와 서점 사이에 있다.

08 (A) 뒤에는 명사(summer vacation)가 왔으므로 전치사 during이 알맞아요. (B) 뒤에는 '주어+동사'를 포함한 절(I was staying ~)이 왔으므로 접속사 while이 알맞아요.

A: 너는 여름 방학 동안에 뭘 했니?
B: 나는 조부모님 댁에 머무는 동안 해산물을 많이 먹었어.

09 '9시 정각까지' 학교에 가야 한다는 것이므로, 어느 기한까지 행동을 완료할 때 쓰는 전치사 by가 알맞아요.

나는 아침 8시에 일어나서 학교 갈 준비를 한다. 내 첫 수업이 그때 시작하기 때문에 나는 9시 정각까지 학교에 가야 한다. 학교가 끝나면 나는 도서관에 가서 책을 읽는다. 그 후에 나는 집에 와서 숙제를 한다. 나는 저녁 식사 전에 숙제를 끝낸다.

10 주절을 종속절 앞에 쓰거나 종속절을 주절 앞에 쓸 수도 있는데, 종속절을 앞에 쓸 때는 끝에 쉼표(,)를 붙여요. (승현이는 책을 읽는 동안 잠이 들었다.)

11 조건에서 주절을 앞에 쓰라고 한 것에 주의하세요.

12 in front of는 장소 전치사이고, 시간에는 쓸 수 없어요. 의미상 '오전 8시 30분까지' 학교에 오는 것이 자연스러우므로 전치사 by가 알맞아요. '8시 30분 전에' 오라는 의미로 before를 써도 좋아요. 또한 '8시 30분에' 오라는 의미로 at을 써도 되고, '8시 30분쯤' 오라는 의미로 around를 쓸 수도 있어요.

전치사·접속사 개념 정리
• 133쪽 •

01 명사
02 front, behind, between, next
03 up, down, over, under
04 before, after, during, by, until, around
05 to, from, of, about, with
06 주, 종속, when, while, because, if

UNIT 31 비교급(1)
• 136쪽 •

A
1 faster   2 smaller

대부분의 단어는 비교급을 만들 때 끝에 -er을 붙입니다.

B
1 cuter than   2 taller than
3 bigger than   4 stronger than
5 hotter than

'…보다'라고 비교 대상이 나올 때 비교급 뒤에 than을 쓰는 것을 잊지 마세요!

1 cute는 e로 끝나서 비교급을 만들 때 -r만 붙여요.

2,4 tall과 strong은 뒤에 -er을 붙이면 돼요.

3,5 big과 hot은 '단모음+단자음'으로 끝나는 단어라서 자음을 한 번 더 쓰고 -er을 붙여요.

C
1 more beautiful   2 more delicious
3 happier   4 more dangerous
5 more exciting   6 heavier
7 more expensive   8 healthier
9 easier   10 more difficult

2음절 이상의 긴 형용사는 앞에 more를 붙여서 비교급을 만듭니다. 단, y로 끝나는 2음절 형용사는 more를 붙이지 않고, y를 i로 바꾸고 -er을 붙입니다.

D
1 more expensive   2 easier
3 more delicious

1,3 expensive와 delicious는 2음절 이상의 긴 형용사라서 앞에 more를 붙여 비교급을 만들어요.

2 easy는 y로 끝나는 2음절 형용사라서 y를 i로 바꾸고 -er을 붙여요.

UNIT 32 비교급(2)
• 138쪽 •

A
1 better   2 worse
3 more   4 less

B
1 better than   2 less, than

비교급의 불규칙 변화는 무조건 외우세요. '…보다'라고 비교 대상이 나올 때는 반드시 than을 써야 해요.
1 good(좋은)의 비교급은 better(더 좋은)예요.
2 little(적은)의 비교급은 less(더 적은)예요.

C
1 much 또는 a lot 또는 far
2 much 또는 a lot 또는 far

비교급을 강조할 때 쓰는 표현은 much, a lot, far입니다.

D
1 far more   2 much
3 more interesting

2 very는 비교급 강조 표현으로 쓸 수 없어요.

MINI REVIEW Units **31-32**   •140쪽•

A
1 longer	2 noisier
3 bigger	4 better
5 more boring	6 more dangerous
7 more stupid	8 drier
9 smarter	10 less
11 angrier	12 more difficult
13 more careful	14 more
15 worse	16 nicer

B
1 more expensive 2 more
3 higher than   4 taller than

1 사과는 바나나보다 더 비싸다.
2 그 개는 그 고양이보다 더 많은 음식을 먹는다.
3 한라산은 지리산보다 더 높다.
4 빨간 집은 파란 집보다 크다.

C
1 This box is heavier than that box.
2 This car is much more expensive than that car. (= This car is a lot more expensive than that car. = This car is far more expensive than that car.)
3 This book is much more boring than that book.

1 heavy는 y로 끝나는 2음절 형용사라서 비교급을 만들 때 앞에 more를 쓰지 않고, y를 i로 바꾸고 -er을 붙여요.
2 비교급 강조 표현은 much, a lot, far 중 하나를 써요.
3 여기서 much는 '훨씬'이라는 뜻의 비교급 강조 표현이에요. boring의 비교급 표현은 more boring이에요.

D
1 Soyun is taller than her older sister.
2 You look better than yesterday.
3 My uncle is a lot funnier than Dad.

E
1 T	2 T
3 T	4 F

1 XP7은 HS8보다 더 싸다.
2 XP7은 HS8보다 더 무겁다.
3 XP7은 HS8보다 더 두껍다.
4 XP7은 HS8보다 평점이 더 좋다. (표에 따르면 HS8의 평점이 더 좋으므로 F)

UNIT 33 최상급(1)   •142쪽•

A
1 the tallest   2 the cheapest

최상급은 기본적으로 단어의 끝에 -est를 붙이고, 앞에 the를 씁니다.

B
1 biggest	2 youngest
3 OK	4 OK
5 hottest	

1,5 최상급을 만들 때 big과 hot처럼 '단모음+단자음'으로 끝나는 단어는 자음을 한 번 더 쓰고 -est를 붙입니다.
2 young은 '단모음+단자음'으로 끝나지 않으므로 그냥 -est를 붙이면 돼요.
3 nice는 e로 끝나므로 -st만 붙여요.

4 short는 '단모음+단자음'으로 끝나지 않으므로 그냥 -est를 붙이면 돼요.

C
1 the most boring
2 the easiest
3 the busiest
4 the most exciting
5 the most delicious
6 the laziest
7 the most important
8 the most expensive
9 the most difficult
10 the funniest

2음절 이상의 긴 형용사는 앞에 the most를 붙여서 최상급을 만듭니다. 단, y로 끝나는 2음절 형용사는 most를 붙이지 않고, y를 i로 바꾸고 -est를 붙입니다.

D
1 the most important
2 the most expensive
3 the busiest

UNIT 34 최상급(2) •144쪽•

A
1 worse, worst   2 less, least
3 more, most   4 better, best
5 better, best

good – better – the best 이렇게 자동으로 나오도록 불규칙 변화 비교급과 최상급을 한꺼번에 외우세요.

B
1 the most   2 the worst
3 the best

2 '최악의'는 '가장 나쁜'이라는 의미이므로 bad의 최상급 표현을 써야 해요.

C
1 largest   2 most
3 longest

1 한국에서 가장 큰 도시는 무엇인가요? – 서울

2 어떤 나라가 세계에서 가장 많은 사람을(인구를) 보유하고 있나요? – 중국

3 세계에서 가장 긴 강은 무엇인가요? – 나일강

D
1 in   2 of
3 of

최상급 뒤에 나오는 in 다음에는 '범위/장소'가 나오고, of 다음에는 '숫자/복수 명사'가 나와요.

1 미국(America)이라는 '장소'가 나와서 in이 알맞아요.

2 모든 과목(all subjects)라는 '복수 명사'가 나오니까 of가 알맞아요.

3 내 친구들(my friends)이라는 '복수 명사'가 나오니까 of가 알맞아요.

UNIT 35 원급을 이용한 비교 표현 •146쪽•

A
1 old   2 expensive

as ~ as 사이에는 형용사/부사의 원급이 들어가요. 비교급을 쓰지 않도록 주의하세요.

B
1 as big as   2 as interesting as

'as+원급+as'는 '…만큼 ~한/하게'라는 표현으로 두 대상이 같음을 나타내는 동등 비교 표현이에요.

C
1 tall   2 big

열등 비교 표현인 not as ~ as와 less ~ than 모두 비교급이 아니라 원급이 들어가요. 특히 less 뒤에 비교급을 쓰는 실수를 하기 쉬우니 주의하세요.

D
1 gentle   2 than
3 thick   4 not as

1 not as ~ as의 경우 as와 as 사이에는 비교급이 아니라 원급이 들어가요.

2,3 '…보다 덜 ~한/하게'를 나타내는 표현은 'less+원급+than'이에요.

4 as not ~ as가 아니라 not as ~ as의 순서로 써야 해요.

A

1 the thinnest
2 the happiest
3 the best
4 the worst
5 the smallest
6 the most difficult
7 the safest
8 the most expensive
9 the dirtiest
10 the hottest
11 the most
12 the nicest
13 the most beautiful
14 the youngest
15 the most popular
16 the prettiest

B

1 the tallest
2 the most polite
3 less expensive than
4 the largest
5 not as old as

1 앤디는 키가 크다. → 앤디는 우리 학년에서 가장 키가 크다.

2 피터는 예의 바르다. → 피터는 그 아이들 중에서 제일 예의 바르다.

3 금은 은보다 비싸다. → 은은 금보다 덜 비싸다.

4 그 공원은 크다. → 그 공원은 서울에서 가장 크다.

5 이 차는 저 차보다 덜 오래되었다. → 이 차는 저 차만큼 오래되지 않았다.

C

1 You are the best student.
2 It is the worst movie.
3 Julia is less careful than Laura.

1 '최고의'는 '가장 좋은'이라는 뜻이므로 good의 최상급인 best를 써야 해요.

2 '최악의'는 최상급이니까 worse가 아니라 worst를 써야 해요.

3 'less+원급' 뒤에는 than이 나와요.

D

1 This is the most beautiful painting.
2 Math is as interesting as science.

E

1 younger   2 the youngest
3 as fast as

우리는 세 마리의 개를 키운다. 그들의 이름은 루나, 데이지, 밀로이다. 루나는 제일 나이가 많다. 루나는 여덟 살이다. 데이지는 루나보다 더 어리지만 밀로보다 나이가 많다. 밀로가 가장 어리다. 그는 가장 작기도 하다. 그렇지만 밀로는 가장 빠르다. 내가 공을 던질 때는 밀로가 항상 제일 먼저 공을 잡는다. 루나와 데이지는 밀로만큼 빠르지 않다.

CHAPTER REVIEW • 150쪽 •

01 ③ ⑤	02 ④	03 ③ ⑤
04 ③	05 ①	06 ④
07 ⑤	08 ⑤	09 ④
10 ⑤	11 ③	12 ① ④

13 (1) 아기 곰들은 개들만큼 작다.
　　(2) 이 피자는 저 피자보다 덜 맛있다.

14 (1) much better than
　　(2) less interesting than

15 Ashley is not as tall as John.

01 ① good – better ② thin – thinner ④ bad – worse

02 ① → more difficult ② → cuter ③ → larger ⑤ → worse
① 수학은 영어보다 더 어렵다. ② 이 인형은 저 인형보다 귀엽다. ③ 미국은 한국보다 크다. ④ 검은 셔츠가 흰 셔츠보다 예쁘다. ⑤ 나에게는 비가 눈보다 더 나쁘다.

03 빈칸에는 '훨씬'이라는 의미의 비교급 강조 표현이 들어가야 하므로 알맞은 것은 much, far, a lot이에요. very와 many는 쓸 수 없어요. (이 영화를 보자. 그건 저 영화보다 훨씬 더 웃겨.)

04 ③ 비교급 강조 표현으로 very를 쓸 수 없어요. much, far, a lot 중 하나를 써야 해요.

① 잭은 존보다 훨씬 더 웃긴다. ② 스페인어는 영어보다 훨씬 더 어렵다. ③ 앨리슨은 나보다 영어를 훨씬 더 잘한다. ④ 진석이는 진수보다 훨씬 더 빨리 달린다. ⑤ 이 문제는 저 문제보다 훨씬 더 쉽다.

05 ① big은 '단모음+단자음'으로 끝나는 단어라서 자음을 한 번 더 쓰고 -est를 붙여요. (→ big – the biggest)

06 ④ smarter가 smart의 비교급이므로 more를 또 쓰면 안 돼요. (→ Monkeys are <u>smarter</u> than dogs.)

① 엠마의 어머니는 엠마의 아버지만큼 나이가 많다. ② 나는 파스타만큼 피자를 좋아하지 않는다. ③ 오늘 나는 어제보다 더 낫게 느낀다. ④ 원숭이는 개보다 똑똑하다. ⑤ 형은 나만큼 키가 크지 않다.

07 ⑤ healthy는 y로 끝나는 2음절 형용사라서 y를 i로 바꾸고 -est를 붙여요. (→ the healthiest) 나머지는 모두 y로 끝나지 않는 2음절 이상의 긴 형용사라서 앞에 most를 붙여요.

08 'not as+원급+as'는 '…만큼 ~하지 않은/않게'라는 열등 비교 표현이에요.

09 어법상 옳은 문장은 ⓐ, ⓑ, ⓒ예요. ⓓ는 '너는 네 친구만큼 노래를 잘한다.'라는 뜻으로 good 대신 '잘'에 해당하는 부사 well을 써야 해요. (→ You sing as <u>well</u> as your friend.)

ⓐ 수학은 영어만큼 재미있다. ⓑ 내 필통은 네 것보다 크다. ⓒ 이 펜은 저 펜보다 더 나쁘다.

10 ⑤ 나무 C는 나무 D만큼 크지 않으므로 Tree C is not as tall as tree D.라고 해야 올바른 설명이에요.

① 나무 C는 나무 D보다 작다. ② 나무 A는 나무 B만큼 크다. ③ 나무 A는 나무 C보다 덜 크다. ④ 나무 D가 그것들 중 가장 크다.

11 ③은 뒤에 복수 명사(these dolls)가 나오니까 of가 들어가야 하고, 나머지는 뒤에 범위나 장소가 나오므로 in이 들어가야 해요.

① 나는 우리 가족 중에서 제일 어리다. ② 지호는 그의 반에서 제일 크다. ③ 이 인형들 중에서 이게 제일 귀엽다. ④ 그곳은 그 도시에서 제일 큰 공원이다. ⑤ 이 카페는 서울에서 제일 좋은(맛있는) 커피를 판다.

12 ① 뒤에 장소(the town)가 나오므로 of 대신 in을 써야 해요. (→ Dr. Kim is the best doctor <u>in</u> the town.)
④ 뒤에 복수 명사(them)가 나오므로 in 대신 of를 써야 해요. (→ Jack is the smartest <u>of</u> them all.)
① 김 박사님은 마을에서 최고의 의사이다. ② 이것은 한국에서 제일 인기 있는 텔레비전 프로그램이다. ③ 한라산은 한국에서 제일 높은 산이다. ④ 잭은 그들 모두 중에서 제일 똑똑하다. ⑤ 효주는 우리 반에서 가장 노래를 잘하는 아이이다.

13 (1) 'as+원급+as'는 '…만큼 ~한/하게'라는 동등 비교 표현이에요.
(2) 'less+원급+than'은 '…보다 덜 ~한/하게'라는 열등 비교 표현이에요.

14 (1) '훨씬'이라는 비교급 강조 표현 much를 비교급 앞에 쓰면 돼요.
(2) '…보다 덜 ~한'이라는 표현 'less+원급+than'을 쓰면 돼요.

15 '…만큼 ~하지 않은'이라는 표현은 'not as+원급+as'예요.

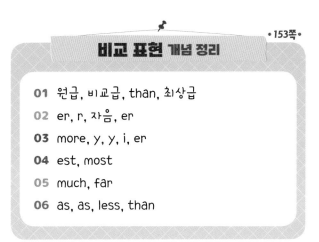

•153쪽•

비교 표현 개념 정리

01 원급, 비교급, than, 최상급
02 er, r, 자음, er
03 more, y, y, i, er
04 est, most
05 much, far
06 as, as, less, than

Chapter 7 명사·대명사

UNIT 36 명사의 수량 표현 (1)

•156쪽•

A
1 people 2 some
3 are 4 bread

1 '몇몇의'라는 의미로 some 뒤에 셀 수 있는 명사가 올 때는 복수형으로 써야 해요.

2 fruit은 일반적으로 셀 수 없는 명사라서 a를 붙이지 않고 some을 씁니다. (fruit이 셀 수 있는 명사로 쓰일 때도 있는데, 그때는 과일의 '종류'를 말하는 거예요.)

3 some dogs가 복수 명사이기 때문에 be동사는 are가 되어야 해요.

4 bread는 셀 수 없는 명사라서 복수형으로 쓸 수 없어요.

B 1 kids   2 salt

1 kid는 셀 수 있는 명사라서 some 뒤에 올 때 복수형으로 씁니다.

2 salt는 셀 수 없는 명사라서 복수형으로 쓸 수 없어요.

C 1 any   2 any
   3 no   4 no

1-2 some은 부정문에서 any가 됩니다.

3-4 no는 not과 any가 합쳐진 말로, '없는'이라는 의미입니다.

D 1 any   2 any
   3 some   4 Are
   5 no

1 의문문에서는 주로 any를 씁니다.

2 부정문에서는 any를 씁니다.

3 긍정문에서는 some을 씁니다.

4 뒤에 나오는 supermarkets가 복수 명사이므로 be동사는 are를 써야 해요.

5 긍정문 형태인데 '달에는 물이 없다.'라는 부정의 의미가 되어야 하므로 no를 쓰는 게 알맞아요. any를 쓰면 긍정문에 any를 쓴 것이 되어 어색해요.

A 1 a few   2 few
   3 few   4 some

1 학생이 '몇 명 있었다'이므로 긍정의 의미를 갖는 a few를 써요.

2 사람들을 '거의 보지 못했다'이므로 부정의 의미를 갖는 few를 써요.

3 펜이 '거의 없다'이므로 부정의 의미를 갖는 few를 써요.

4 친구가 '몇 명 있다'이므로 긍정의 의미를 갖는 some을 써요. some 대신 a few를 써도 돼요.

B 1 apples   2 some

1 a few 뒤에는 복수 명사가 와야 해요.

2 bread는 셀 수 없는 명사라서 a few를 쓸 수 없고, some

을 써야 해요. a few는 셀 수 있는 명사에만 쓸 수 있고, some은 아무 명사에나 쓸 수 있어요.

C 1 little   2 little

1 food는 셀 수 없는 명사이므로 few 대신 little을 써야 합니다.

2 그림을 보면 남자가 힘이 거의 없는 상태이므로 '거의 없는'이라는 의미의 little이 알맞아요. few나 a few는 셀 수 있는 명사에만 쓰는데, power는 셀 수 없는 명사예요.

D 1 little   2 a little
   3 little   4 some
   5 few

1 시간이 '거의 없다'이므로 부정의 의미를 갖는 little이 알맞아요.

2 juice는 셀 수 없는 명사이므로 a little이 알맞아요.

3 비가 '거의 오지 않았다'이므로 부정의 의미를 갖는 little이 알맞아요.

4 fruit은 셀 수 없는 명사이므로 긍정의 의미의 '조금'은 some이나 a little로 표현할 수 있어요. a few는 셀 수 있는 명사에만 쓰는 표현이에요.

5 leaves는 셀 수 있는 명사인데 '거의 없다'이므로 few가 맞아요.

A 1 many   2 Many

many는 셀 수 있는 명사 앞에 쓰여 '많은'이라는 뜻을 나타내요.

B 1 X   2 O
   3 X   4 X
   5 X

1,4 many 뒤에는 복수 명사가 와야 해요.

3,5 many 뒤에는 셀 수 있는 명사의 복수형이 와요. 셀 수 없는 명사는 올 수 없어요.

C 1 a lot of   2 much

1 눈이 많이 온 그림이므로 '많은'이라는 의미의 a lot of가

어울려요. a lot of는 셀 수 있는 명사, 셀 수 없는 명사에 모두 쓸 수 있어요.

2 sleep(잠)은 셀 수 없는 명사라서 much나 a lot of를 써야 해요.

D
1 much	2 much
3 a lot of	4 a lot of
5 much	

1 time은 셀 수 없는 명사니까 much.

2 money는 셀 수 없는 명사니까 much.

3 orange juice는 셀 수 없는 명사니까 many를 쓸 수 없고, a lot of나 much를 쓸 수 있어요. a lot of는 아무 명사에나 쓸 수 있어요.

4 songs는 셀 수 있는 명사니까 a lot of나 many를 쓸 수 있고, much는 안 돼요.

5 fruit은 셀 수 없는 명사니까 much.

UNIT 39 명사의 수량 표현 (4) •162쪽•

A
1 classmates	2 all
3 friends	

1,3 all 뒤에 셀 수 있는 명사가 올 때는 복수형으로 써야 해요.

2 money가 셀 수 없는 명사니까 many를 쓸 수 없고, all은 가능해요. all은 아무 명사에나 쓸 수 있어요.

B
1 Ms. Keaton read all the books in her house.

2 OK

3 All the students are going to the festival.

1,2 all 뒤에 셀 수 있는 명사가 올 때는 복수형으로 써요.

3 주어인 'all+복수 명사'가 복수니까 be동사는 are가 되어야 해요.

C
1 every	2 every
3 Every	4 all

1 all 뒤에는 복수 명사가 오고, every 뒤에는 단수 명사가 와요. country의 형태를 보면 단수형이니까 every가 맞아요.

2 마찬가지로 song이 단수형이니까 every가 맞아요.

3 마찬가지로 person이 단수형이니까 every가 맞아요.

4 animals가 복수형이니까 all이 맞아요.

D
1 X	2 X
3 X	4 O
5 X	

1 every 뒤에는 단수 명사가 와야 해요. 주어진 문장은 Every child is cute.로 고치거나 All children are cute. 로 고쳐야 해요.

2 every 뒤에는 셀 수 있는 명사만 쓸 수 있어요. water는 셀 수 없는 명사니까 all을 써야 해요. (→ We drank all water.)

3 every 뒤에 단수 명사 superhero를 쓴 것까지는 좋은데, 동사가 잘못됐어요. 주어가 3인칭 단수니까 have가 아니라 has여야 해요. (→ Every superhero has a special power.)

4 every 뒤에 단수 명사 teacher를 썼고 동사도 is로 잘 썼어요.

5 every 뒤에는 단수 명사가 와야 해요. (→ I read every message on my phone. 또는 I read all messages on my phone.)

MINI REVIEW Units 36-39 •164쪽•

A
1 some	2 many
3 little	4 few

1 milk는 셀 수 없는 명사니까 some이나 a little을 써야 해요. a few는 셀 수 있는 명사에만 쓸 수 있어요.

2 coins는 셀 수 있는 명사니까 many가 맞아요. much는 셀 수 없는 명사에만 쓸 수 있어요.

3 power가 셀 수 없는 명사니까 little이 맞아요. few는 셀 수 있는 명사에만 쓸 수 있어요.

4 cans가 셀 수 있는 명사니까 few가 맞아요. little은 셀 수 없는 명사에만 쓸 수 있어요.

B
1 tree needs	2 color is
3 flower is	4 Does, animal
5 does, dog	

all을 every로 바꾸려면 뒤의 명사를 단수로 고치고, 동사도 이에 맞게 고쳐야 해요.

1 모든 나무는 물을 필요로 한다.

2 모든 색은 다르다.

3 모든 꽃은 아름답다.

4 모든 동물이 잠을 자니?

5 왜 모든 개는 뼈를 좋아할까?

C
1 We didn't get much snow last winter.
(= We didn't get a lot of snow last winter.)

2 He reads few books.

3 Mr. Kane cares about every student.
(= Mr. Kane cares about all students.)

1 snow는 셀 수 없는 명사니까 many 대신 much나 a lot of를 써요.

2 books는 셀 수 있는 명사니까 little 대신 few를 써요.

3 every 뒤에는 단수 명사가 와요. every 대신 all을 쓰면 뒤에 복수 명사가 와요.

D
1 many   2 all
3 a few   4 a lot of

1 '많다'이므로 many.

2 뒤에 나오는 kinds가 복수 명사이므로 all.

3 '좀 있었니'이므로 긍정의 의미인 a few.

4 movies가 셀 수 있는 명사이므로 a lot of.

E
1 any   2 some
3 any   4 no
5 all   6 any

클레어: 샌드위치를 만들자. 빵이 있나?
밥: 응, 있어. 냉장고에 뭐가 있지?
클레어: 흠… 소시지가 좀 있어.
밥: 좋네. 소시지 샌드위치를 만들 수 있겠어. 닭고기가 있니?
클레어: 아니. 닭고기는 없어. 우리가 어젯밤에 닭고기를 다 먹었어.
밥: 그래. 우유는 있나?
클레어: 응, 있어.

UNIT 40 재귀 대명사
• 166쪽 •

A
1 myself   2 himself
3 herself   4 itself

각 인칭 대명사의 재귀 대명사 형태를 잘 기억하세요.

B
1 myself   2 himself

1 주어가 '나'(I)이고 다친 것도 '나'이므로 재귀 대명사 myself를 써요. 인칭 대명사 목적격 me(나를)는 주어가 '나' 아닌 다른 사람일 때 써요.

2 짐(Jim)이 혼잣말을 한다고 했으므로, 자기 자신에게 말하는 거니까 to 뒤에 나올 말이 주어인 짐과 같은 사람인 거죠. 그러니까 재귀 대명사 himself를 써야 해요. 목적격 인칭 대명사 him을 쓰면 짐이 다른 사람에게 얘기한다는 의미가 돼요.

C
1 ourselves   2 yourselves

1 주어가 '우리'(we)인데 '우리'의 사진을 찍은 것이므로 재귀 대명사 ourselves를 써요.

2 아이들에게 말하는 것이므로 복수형 yourselves를 써요. 끝에 '얘들아'(kids)라고 말하는 것에서 복수라는 걸 알 수 있어요.

D
1 enjoyed themselves
2 helped ourselves
3 by herself

1 'enjoy+재귀 대명사'는 '즐거워하다', '즐거운 시간을 보내다'라는 뜻이에요.

2 'help+재귀 대명사'는 '마음껏 먹다', '마음껏 마시다'라는 뜻이에요.

3 'by+재귀 대명사'는 '혼자서'라는 뜻이에요.

UNIT 41 비인칭 주어 it
• 168쪽 •

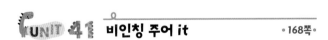

A
1 It   2 It's 또는 It is
3 It   4 It's 또는 It is

모두 '시간, 날짜, 요일'을 나타내는 비인칭 주어 it을 써야 하는데, 빈칸 뒤에 동사 is가 있으면 It만 쓰면 되고, is가 없으면 It is 또는 It's를 쓰면 되겠죠.

B
| 1 비인칭 주어 | 2 비인칭 주어 |
| 3 인칭 대명사 | 4 비인칭 주어 |

3번의 It은 앞 문장의 test를 대신하는 인칭 대명사예요. 나머지는 모두 '시간, 날짜, 요일, 특별한 날'을 나타내는 비인칭 주어예요. 잘 모르겠으면 우리말로 해석해 보세요. '그것'이라고 해석되면 인칭 대명사예요.

C
| 1 c | 2 b |
| 3 a | 4 d |

1 여기서 역까지 멀어? – 아니. 겨우 1킬로미터야.
2 너는 런던 여행을 즐겼니? – 아니. 매일 비가 왔어.
3 너는 새 집이 마음에 드니? – 응. 집 안이 밝아.
4 캐나다에는 눈이 자주 오니? – 응. 아주 자주 와.

D
1 우리 집에서 학교까지는 멀지 않다.
2 이 카페 안은 아주 어둡다.
3 어제는 비가 오고 바람이 불었다.

1 거리를 나타내는 비인칭 주어 it.
2 명암을 나타내는 비인칭 주어 it.
3 날씨를 나타내는 비인칭 주어 it.

MINI REVIEW Units 40-41 •170쪽•

A
1 herself	2 himself
3 yourself	4 herself
5 themselves	6 herself

1 enjoy+재귀 대명사: 즐거워하다, 즐거운 시간을 보내다
(안젤리나는 프랑스에서 좋은 시간을 보냈다. 그녀는 즐거웠다.)
2 주어가 he이고, '그 자신에 대해서만 생각한다'라는 의미가 되어야 하므로 재귀 대명사 himself가 들어가야 해요. (우리 오빠는 이기적이다. 그는 자기에 대해서만 생각한다.)
3 톰(Tom)에게 '너 자신에 대해 말해 줘'라고 요청하는 의미가 되어야 하므로 재귀 대명사 yourself가 들어가야 해요. (톰, 나는 너를 정말 좋아해. 너 자신에 대해 말해 줘.)
4 by+재귀 대명사: 혼자 (할머니는 혼자 사셔서 나는 자주 찾아뵙는다.)

5 help+재귀 대명사: 마음껏 먹다 (나는 내 친구들을 위해 스테이크를 요리했다. 그들은 그 스테이크를 마음껏 먹었다.)
6 농구를 하다가 스스로를 다치게 했다는 것이므로 재귀 대명사 herself를 써야 해요. (누나는 농구를 하다가 다쳤다.)

B
| 1 It is | 2 It was |
| 3 It will | 4 It, be |

비인칭 주어 뒤에 나오는 동사를 현재, 과거, 미래 시제에 맞게 쓰는 연습을 하세요.
1 '지금'(now)이니까 현재 시제.
2 '어제'(yesterday)니까 과거 시제.
3 '내일'(tomorrow)이니까 미래 시제.
4 '이번 주말'(this weekend)이니까 미래 시제.

C
1 You must take care of yourselves.
2 Yerin hurt herself while she was playing soccer.
3 It is late. Let's go home now.

1 '너희'니까 yourself를 복수형 yourselves로 고쳐야 해요.
2 예린이 자신이 다쳤으니까 목적격 인칭 대명사 her를 재귀 대명사 herself로 고쳐야 해요.
3 현재 일이니까 동사는 is가 되어야 해요.

D
1 It was 12:30 when I got home.
2 I love myself very much.
3 Is it Thursday or Friday today?

E
1 herself	2 herself
3 herself	4 her
5 her	

1~3번은 주어가 '엄마'이니까 재귀 대명사 herself를 쓰고, 4~5번은 주어가 '나'인데 엄마에 대해 얘기하는 것이니까 목적격 인칭 대명사 her를 쓰면 돼요.

안녕. 나는 태린이야. 이분은 우리 엄마야. 엄마는 요리사야. 엄마는 큰 음식점에서 일하셔. 엄마는 정말 바빠. 가끔은 요리하시다가 베이기도 하셔. 엄마는 밤 늦게 집에 오셔. 하지만 엄마는 일할 때 즐거워하셔. 엄마는 스스로를 자랑스러워하셔. 나도 엄마가 아주 자랑스러워. 나는 엄마를 정말 많이 사랑해.

01 ⑤	**02** ①	**03** ⑤
04 ④	**05** ④	**06** ④⑤
07 ③	**08** ④	**09** ③
10 ④	**11** ③	**12** ①
13 ②		

14 (1) Allison drinks little coke.

    (2) The old man lives by himself.

15 (1) Is there much bread in the basket?

      (= Is there a lot of bread in the basket?)

    (2) She bought herself a present.

16 (1) It was sunny

    (2) It is rainy 또는 It is raining

    (3) It will snow

01 '약간의', '조금의', '몇몇의'라는 뜻의 some 뒤에는 셀 수 있는 명사나 셀 수 없는 명사가 모두 올 수 있는데, 셀 수 있는 명사일 경우에는 복수형으로 써야 해요. ⑤의 cousin은 셀 수 있는 명사의 단수형이기 때문에 쓸 수 없어요. (→ I have some cousins.)

① 나에게 포도 주스가 좀 있다. ② 상자 안에 장난감이 몇 개 있다. ③ 나는 정답을 몇 개 맞혔다. ④ 물이 조금 있다. ⑤ 나는 몇 명의 사촌이 있다.

02 ① 부정문이니까 some 대신 any를 써요. (→ I don't have any time right now.)

① 나는 지금 당장은 시간이 없어. ② 나는 숙제에 도움이 좀 필요해. ③ 그 애는 내일 시험이 없어. ④ 너 지금 돈 갖고 있니? ⑤ 아빠는 나에게 사탕을 조금 사 주셨다.

03 첫 번째 문장의 questions는 셀 수 있는 명사이고, 두 번째 문장의 homework는 셀 수 없는 명사예요. 셀 수 있는 명사와 셀 수 없는 명사에 다 쓸 수 있는 것은 some이나 a lot of인데, 두 번째 문장이 부정문이기 때문에 some이 어울리지 않아서 정답은 ⑤ a lot of예요.

• 저는 질문이 많아요.

• 나는 오늘 숙제가 많지 않아.

04 두 문장 모두 셀 수 있는 명사(pens, apples)가 왔으니까 ① much, ③ a little, ⑤ little은 안 돼요. ② every는 뒤에 단수 명사가 와야 해서 안 돼요.

• 나는 펜이 몇 자루 있어.

• 그들은 사과를 조금 샀어.

05 ④ 부정문이니까 some 대신 any를 써요. (→ The baby doesn't want any milk.)

① 나는 돈이 거의 없어. ② 그는 오늘 시간이 많지 않아. ③ 너는 무슨 문제가 있니? ④ 그 아기는 우유를 원하지 않아. ⑤ 존은 꽃을 몇 송이 받았어.

06 ④ money는 셀 수 없는 명사이므로 a few 대신 a little이나 some을 써요. (→ Jane has a little money. = Jane has some money.) ⑤ friends는 셀 수 있는 명사이므로 much 대신 many나 a lot of를 써요. (→ I have many friends. = I have a lot of friends.)

07 '없는'이라는 뜻으로 not과 any를 합쳐서 no를 쓸 수 있어요. (나는 남자 형제가 없다.)

08 '비'(rain)는 셀 수 없는 명사이고, 비가 '거의 오지 않았다'이므로 부정의 의미인 little을 써요. ⑤처럼 a little을 쓰면 '지난달에 비가 조금 왔다.'라는 의미가 돼요.

09 ride는 '놀이 기구'라는 뜻으로 셀 수 있는 명사예요. 복수형 rides로 쓴 걸 보면 셀 수 있는 명사라는 걸 알 수 있어요. 따라서 a little 대신 a few를 써야 해요.

오늘 나는 몇 명의 친구들과 놀이공원에 갔다. 사람이 많아서 우리는 오랫동안 기다려야 했다. 우리는 몇 개의 놀이 기구만 탔다. 우리는 핫도그를 몇 개 먹었다. 나는 내 핫도그에 케첩을 많이 뿌렸다.

10 ④ we의 재귀 대명사는 ourselves예요. 복수를 의미하는 재귀 대명사는 -self 대신 -selves가 붙어요.

11 ① 내가 나 자신을 소개하는 것이므로 재귀 대명사 myself를 써야 해요. (→ May I introduce myself?) ② 주어가 '너희들'로 복수이므로 yourselves를 써야 해요. (→ Enjoy yourselves!) ④ 내가 나 자신을 못 찾는 것이므로 재귀 대명사 myself를 써야 해요. (→ I can't find myself in this photo.) ⑤ 'help+재귀 대명사'는 '마음껏 먹다/마시다'라는 뜻이에요. us 대신 재귀 대명사 ourselves를 써야 해요. (→ We helped ourselves at the buffet.)

12 각각 날씨, 요일, 거리를 나타내는 비인칭 주어 it이 들어가야 해요.

• 어제 눈이 많이 내려서 나는 눈사람을 만들었다.

• 오늘이 금요일이라서 나는 행복하다.

• 우리 집에서 공원까지는 멀지 않다.

13 ②의 It은 앞 문장의 the pot을 대신하는 '그것'이라는 인칭 대명사예요. 나머지는 모두 비인칭 주어예요.

① 몸을 따뜻하게 해. 오늘은 아주 추워. ② 그 냄비를 만지지 마. 그건 아주 뜨거워. ③ 네 우산을 가져가. 이따 비가 올지도 몰라. ④ 불을 켜. 여긴 어두워. ⑤ 나는 집에 일찍 가야 해. 엄마 생신이야.

14 (1) 필요한 단어만 사용하라고 했는데, little 자체에 이미 '거의 ~ 않다'라는 의미가 있으므로 doesn't는 필요하지 않아요.

(2) 'by+재귀 대명사'는 '혼자'라는 뜻이에요. 따라서 himself 를 쓰면 되고, him은 필요 없어요.

15 (1) bread는 셀 수 없는 명사니까 many를 much나 a lot of 로 고쳐야 해요.

(2) 주어 she가 자기 자신에게 선물을 사 준 것이므로 her가 아니라 재귀 대명사 herself를 써야 해요.

16 (1) '어제'(yesterday)니까 과거 시제로 써요.

(2) '오늘'(today)이니까 현재 시제 또는 현재 진행형으로 써요.

(3) '내일'(tomorrow)이니까 미래 시제로 써요.

명사·대명사 개념 정리 •175쪽•

01 약간, 없는, 긍정문, any
02 no
03 some, few, 거의, 있는
04 little, little
05 many, much, lot
06 모든, 있는, 단수
07 재귀, self, selves
08 비인칭, it, 날씨

Chapter 8 to부정사·동명사

UNIT 42 to부정사(1) •178쪽•

A
1 to run   2 to sleep
3 to swim   4 to study

to부정사로 동사를 명사처럼 쓸 수 있어요. to부정사의 형태는 'to+동사원형'이에요.

B
1 가기 (= 가는 것)   2 듣기 (= 듣는 것)

to부정사가 명사처럼 사용될 때 우리말로 '~하기' 또는 '~하는 것'이라고 해석해요.

C
1 to drink, 앤은 사과 주스를 마시기를 원한다.
2 to visit, 그들은 내년에 제주도에 가기를 바란다.
3 to wear, 너는 네 코트를 입는 것이 필요하다.
(= 너는 네 코트를 입을 필요가 있다.)

1 to drink가 동사 wants의 목적어 역할을 해요.
2 to visit가 동사 hope의 목적어 역할을 해요.
3 to wear가 동사 need의 목적어 역할을 해요.

D
1 to play   2 to buy

1 to play가 동사 wants의 목적어 역할을 해요.
2 to buy가 동사 promised의 목적어 역할을 해요.

UNIT 43 to부정사(2) •180쪽•

A
1 to buy, 나는 샌드위치를 사기 위해 가게에 갔다. (= 나는 샌드위치를 사려고 가게에 갔다.)
2 to get, 나는 버스에 타기 위해 줄을 서서 기다렸다. (= 나는 버스에 타려고 줄을 서서 기다렸다.)

두 문장에서 to부정사는 '~하기 위해', '~하려고'라는 의미로 사용되었어요.

B
1 to swim   2 to study
3 to rest   4 to say

C
1 나는 햄버거를 먹지 않을 것을 결심했다.
(= 나는 햄버거를 먹지 않기로 결심했다.)
2 미끄러지지 않게 조심하세요.
(= 미끄러지지 않기 위해 조심하세요.)

to부정사의 앞에 not을 붙여서 부정의 의미를 나타낼 수 있어요.

D
1 not to play   2 OK
3 not to wake

to부정사의 부정 표현을 쓸 때 1번처럼 to를 빼먹거나 3번처럼 not을 to 뒤에 쓰지 않도록 주의하세요. not은 to 앞에!

A

1 sleep, to sleep 2 play, to play
3 sing, to sing

동사원형 앞에 to를 붙여서 to부정사를 만들어요. 이렇게 하면 동사를 명사처럼 쓸 수 있어요.

B

1 c   2 a
3 d   4 b

1 나는 텔레비전을 켰다 – 뉴스를 보기 위해
2 루시는 밖에 나갔다 – 신선한 공기를 쐬려고
3 그는 시장에 갔다 – 채소를 좀 사기 위해
4 우리는 일찍 잤다 – 다음 날 일찍 일어나려고

C

1 I want to buy new clothes.
2 Minwoo plans to learn Chinese.
3 My parents promised to get a dog.
4 Alice decided not to go to the party.

1 나는 새 옷을 사기를 원한다. (= 나는 새 옷을 사고 싶다.)
2 민우는 중국어를 배울 것을 계획하고 있다. (= 민우는 중국어를 배울 계획이다.)
3 부모님은 개를 키울 것을 약속하셨다. (= 부모님은 개를 키우기로 약속하셨다.)
4 앨리스는 파티에 가지 않을 것을 결심했다. (= 앨리스는 파티에 가지 않기로 결심했다.)

D

1 She tried not to fall asleep.
2 The children need to drink some water.
3 I turned the light off to go to bed.

1 to부정사의 부정은 'not to+동사원형'이에요.
2 drink some water가 동사 need의 목적어 역할을 해야 하므로 drink를 to부정사인 to drink로 고쳐야 해요.
3 go to bed가 '불을 끈' 행동의 목적이 되어야 하므로, go를 to부정사(to go)로 바꿔야 해요.

E

1 He wants to eat some pizza.
2 I like to read comic books.
3 Do you want to drink soda?
4 I hope not to see her again.
5 He set his alarm to get up early.

1 그는 피자를 좀 먹기를 원한다. (= 그는 피자를 좀 먹고 싶어 한다.)
2 나는 만화책을 읽는 것을 좋아한다.
3 너는 탄산음료를 마시기를 원하니? (= 너는 탄산음료를 마시고 싶니?)
4 나는 그 여자를 다시 보지 않기를 바란다.
5 그는 일찍 일어나기 위해 알람을 맞췄다.

F

1 to read   2 to save
3 not to drink   4 to help

1 샐리는 더 많은 책을 읽을 계획이다.
2 샐리는 돈을 절약할 필요가 있다.
3 샐리는 콜라를 마시지 않기로 결심했다.
4 샐리는 다른 사람들을 돕고 싶어 한다.

UNIT 44 동명사(1) • 184쪽 •

A

1 놀기   2 공부하는 것
3 점프하는 중이다   4 노래하는 것

동명사와 진행형에 둘 다 '동사-ing' 형태가 사용되니까 둘을 구분하는 연습을 하세요. 3번처럼 '동사-ing' 앞에 be동사가 나오면 진행형인 것을 알 수 있어요.

B

1 painting   2 lying

1 동명사 painting은 '그리는 것'이라는 뜻으로 명사처럼 사용되었어요.
2 동명사 lying은 '거짓말하는 것'이라는 뜻으로 명사처럼 사용되었어요.

C

1 우리는 여행하는 것을 정말 좋아한다.
 (= 우리는 여행하기를 정말 좋아한다.)
2 그 남자아이는 이 닦는 것을 싫어한다.
 (= 그 남자아이는 이 닦기를 싫어한다.)

동명사가 문장에서 목적어 역할을 할 때 '~하는 것을' 또는
'~하기를'이라고 해석해요.

D
1 like riding
2 doesn't like dancing
3 loves shopping
4 hate cooking
5 started snowing (= began snowing)

모두 문장에서 동명사가 동사의 목적어 역할을 하는 경우예
요.

UNIT 45 동명사(2) ·186쪽·

A
1 to take, taking   2 writing
3 bathing   4 listening, to listen

1,4 like와 love는 목적어로 to부정사와 동명사 둘 다 가능
해요.

2,3 finish와 enjoy는 목적어로 동명사만 가능해요.

B
1 enjoys playing   2 finished working
3 enjoy chatting   4 finished washing
                      (= finished doing)

finish와 enjoy는 목적어로 동명사만 가능한 동사들이에요.

C
1 studying, 공부하는 것을 멈췄다
2 singing, 노래하는 것을 포기했다
3 playing, 피아노 치는 것을 연습했다

1 stop+동명사: ~하는 것을 멈추다, 그만두다
2 give up+동명사: ~하는 것을 포기하다
3 practice+동명사: ~하는 것을 연습하다

D
1 using   2 stop studying

1 give up+동명사: ~하는 것을 포기하다
2 stop+동명사: ~하는 것을 그만두다, 멈추다

A
1 cooking   2 eating
3 speaking   4 raining

1 마사는 요리하는 것을 좋아한다.
2 우리 고양이는 먹는 것을 사랑한다.
3 그는 영어 말하기를 연습한다.
4 비가 그쳤다.

B
1 playing 또는 to play
2 eating 또는 to eat
3 painting
4 winning
5 doing

1-2 love와 like는 목적어로 동명사와 to부정사 둘 다 가능
해요.

3-5 finish, give up, stop은 목적어로 동명사만 가능해요.

C
1 He gave up exercising every day.
2 The students stopped talking when
   the teacher came in.
3 I really enjoyed talking to you.

1 give up+동명사: ~하는 것을 포기하다
2 stop+동명사: ~하는 것을 멈추다, 그만두다
3 enjoy+동명사: ~하는 것을 즐기다, 즐거워하다

D
1 I love watching movies.
2 She likes eating noodles.
3 He finished solving the problem.
4 I enjoy singing K-pop songs.

1 나는 영화 보는 것을 정말 좋아한다.
2 그 애는 국수 먹기를 좋아한다.
3 그는 그 문제를 푸는 것을 끝냈다.
4 나는 가요 부르는 것을 즐긴다.

E
1 loves dancing
2 enjoys swimming
3 doesn't enjoy washing the dishes
4 hates visiting the dentist

1 민서는 무엇을 하기를 정말 좋아하나요? – 민서는 춤추는 것을 정말 좋아합니다.
2 민서는 무엇을 하기를 즐기나요? – 민서는 수영하는 것을 즐깁니다.
3 민서는 무엇을 하기를 즐기지 않나요? – 민서는 설거지하는 것을 즐기지 않습니다.
4 민서는 무엇을 하기를 싫어하나요? – 민서는 치과에 가는 것을 싫어합니다.

CHAPTER REVIEW • 190쪽 •

01 ① ④   02 ⑤   03 ②
04 ②   05 ③   06 ③
07 ②   08 ①   09 ④
10 ①   11 ②   12 ⑤
13 (1) Dad finished cleaning the house.
(2) They decided not to fight with each other.
14 Stop barking
15 (1) need to do my homework
(2) need to clean my room
(3) need to call Jane

01 ② to부정사는 문장에서 명사, 형용사, 부사의 역할을 할 수 있어요. ③ to부정사가 명사 역할을 할 때 주어, 목적어, 보어 역할을 할 수 있어요. ⑤ to부정사의 to는 생략하면 안 돼요.

02 주어진 문장에서 to부정사는 '~하기 위해'라는 의미로 부사의 역할을 해요. (그 애는 시험에 합격하기 위해 열심히 공부했다.) 이와 같은 역할을 하는 것은 ⑤입니다. 나머지는 동사의 목적어로 명사 역할을 하는 경우예요.
① 혜민이는 일찍 일어나기로 결심했다. ② 그들은 쉴 필요가 있다. ③ 나는 집에 가고 싶다. ④ 우리는 해외에서 공부할 계획이다. ⑤ 나는 안부를 전하려고 그에게 전화했다.

03 ②의 sending은 진행형에 쓰인 '동사-ing'예요. 앞에 be동사 is가 있는 걸 보면 알 수 있어요. 나머지는 모두 동명사예요.

① 나는 음악 듣는 것을 좋아한다. ② 그는 메시지를 보내는 중이다. ③ 우리는 수영장에서 수영하는 것을 즐긴다. ④ 앨리슨은 영어를 가르치는 것을 즐긴다. ⑤ 그들은 야구 하는 것을 좋아하지 않는다.

04 주어진 문장을 영작하면 We want to watch TV.가 돼요. 따라서 앞에서 3번째로 올 단어는 to입니다.

05 우리말을 바르게 영작한 것은 ③이에요. to buy ~는 '~하기 위해', '~하려고'라는 의미로 앞에 나온 saved money라는 행동의 목적을 나타내요.

06 to부정사의 부정은 to부정사 앞에 not을 써요. 이 문장에서는 '~하지 않기 위해'의 의미예요.

07 to부정사의 부정은 to부정사 앞에 not을 써요. 이 문장에서는 '~하지 않기로'의 의미예요.

08 ①에서 밑줄 친 부분은 '일찍 일어날 것을'이라는 의미이고 동사 need의 목적어 역할을 해요.
① 나는 일찍 일어날 것을 필요로 한다. (= 나는 일찍 일어날 필요가 있다.) ② 김 선생님은 금연하기로 결심했다. ③ 나는 스페인으로 여행하기를 바란다. ④ 아빠는 우리를 위해 요리하는 것을 좋아하신다. ⑤ 나는 중국어를 배우기를 원한다.

09 give up 뒤에는 동명사가 와서 '~하는 것을 포기하다'라는 의미가 돼요.

10 빈칸 뒤에 to부정사(to play)가 왔으므로 ① enjoy는 쓸 수 없어요. enjoy는 목적어로 동명사만 가능해요. ② like, ③ hate, ④ love는 목적어로 동명사와 to부정사 둘 다 가능하고, ⑤ want는 목적어로 to부정사만 가능해요.

11 finish는 목적어로 동명사만 가능해서 to read를 reading으로 고쳐야 해요. (라일리는 그 책을 읽는 것을 끝냈다.)

12 promise는 목적어로 to부정사가 와요. buy 앞에 to를 써 주어야 해요. (엄마는 나에게 태블릿 컴퓨터를 사 줄 것을 약속하셨다.)

13 (1) finish+동명사: ~하는 것을 끝내다
(2) to부정사의 부정: not to+동사원형

14 남자아이는 개가 짖어서 잠을 못 자고 있으니 개에게 그만 짖으라고 말하겠죠? 'stop+동명사'(~하는 것을 그만두다)를 써서 그만하라고 말할 수 있어요.
Q: 남자아이는 개에게 뭐라고 말할까요?
A: 그는 "그만 짖어!"라고 말할 거예요.

15 need는 뒤에 to부정사가 목적어로 와서 '~할 필요가 있다'라는 뜻으로 쓰여요. 세 문장 모두 need 뒤에 to부정사를 써서 완성하면 돼요.

to부정사·동명사 개념 정리

01 부정사, 동사원형, 명사, 부사

02 목적어, 하기

03 명사, 하기

04 want, decide, plan, need

05 like, hate, (s)tart, (b)egin

06 enjoy, finish, give

불규칙 동사 변화표

원형(기본형)	뜻	과거형	과거형 뜻
be	~이다, 있다	was/were	~였다, 있었다
become	되다	became	되었다
begin	시작하다	began	시작했다
break	깨다, 깨지다	broke	깼다, 깨졌다
bring	가져오다	brought	가져왔다
build	짓다	built	지었다
buy	사다	bought	샀다
can	~할 수 있다	could	~할 수 있었다
catch	잡다	caught	잡았다
come	오다	came	왔다
cost	(비용이) 들다	cost	(비용이) 들었다
cut	자르다, 베다	cut	잘랐다, 베었다
do	하다	did	했다
drink	마시다	drank	마셨다
drive	운전하다	drove	운전했다
eat	먹다	ate	먹었다
fall	떨어지다, 넘어지다	fell	떨어졌다, 넘어졌다
feel	느끼다	felt	느꼈다
find	찾다, 발견하다	found	찾았다, 발견했다
fly	날다	flew	날았다
forget	잊어버리다	forgot	잊어버렸다
get	얻다, 받다	got	얻었다, 받았다
give	주다	gave	주었다
go	가다	went	갔다
have	가지고 있나	had	가지고 있었다
hear	듣다	heard	들었다
hit	치다, 때리다	hit	쳤다, 때렸다
hurt	다치게 하다	hurt	다치게 했다

원형(기본형)	뜻	과거형	과거형 뜻
know	알다	knew	알았다
leave	떠나다	left	떠났다
lose	잃어버리다	lost	잃어버렸다
make	만들다	made	만들었다
meet	만나다	met	만났다
pay	(돈을) 내다	paid	(돈을) 냈다
put	놓다, 두다	put	놓았다, 두었다
read[리드]	읽다	read[레드]	읽었다
run	뛰다, 달리다	ran	뛰었다, 달렸다
say	말하다	said	말했다
see	보다, 만나다	saw	보았다, 만났다
send	보내다	sent	보냈다
sing	노래하다	sang	노래했다
sit	앉다	sat	앉았다
sleep	자다	slept	잤다
speak	말하다	spoke	말했다
spend	(돈을) 쓰다, (시간을) 보내다	spent	(돈을) 썼다, (시간을) 보냈다
stand	서 있다	stood	서 있었다
swim	수영하다	swam	수영했다
teach	가르치다	taught	가르쳤다
take	데려가다, 가져가다	took	데려갔다, 가져갔다
tell	말해 주다	told	말해 주었다
think	생각하다	thought	생각했다
understand	이해하다	understood	이해했다
wake	깨다, 깨우다	woke	깼다, 깨웠다
wear	입다	wore	입었다
win	이기다	won	이겼다
write	쓰다	wrote	썼다

▶ 다음 동사의 뜻, 과거형, 과거형 뜻을 써 보세요. 앞의 표에서 맞는지 확인해 보세요.

원형	뜻	과거형	과거형 뜻
sleep	자다	slept	잤다
can			
think			
teach			
send			
read			
feel			
catch			
hit			
get			
tell			
drive			
know			
say			
run			
wear			
fly			
hear			
meet			
stand			
sing			

원형	뜻	과거형	과거형 뜻
win			
buy			
put			
drink			
forget			
have			
sit			
see			
go			
make			
build			
eat			
cut			
bring			
write			
come			
give			
do			
swim			
fall			
take			
find